Mégalomanie urbaine

Mark Douglas Lowes

Mégalomanie urbaine

La spoliation des espaces publics

Traduit de l'anglais par Raynald Prévèreau

LES ÉDITIONS **écosociété**
MONTRÉAL

Révision : Marie-Aude Bodin

Typographie, mise en pages, maquette de la couverture : Nicolas Calvé

Photo de la couverture : © Photonica/Ionica

Direction éditoriale : Colette Beauchamp, Marie-Michelle Poisson

Titre original : *Indy Dreams and Urban Nightmares.*

© University of Toronto Press, 2002

© Les Éditions Écosociété, 2005, pour l'édition française

C.P. 32052, comptoir Saint-André
Montréal (Québec) H2L 4Y5

Dépôt légal : 2e trimestre 2005

ISBN 2-921561-97-2

IMPRIMÉ AU CANADA

Catalogage avant publication de Bibliothèque et Archives Canada

Lowes, Mark Douglas, 1969-

    Mégalomanie urbaine : la spoliation des espaces publics

    Traduction de : Indy dreams and urban nightmares.

    ISBN 2-921561-97-2

    1. Courses automobiles – Colombie-Britannique – Vancouver. 2. Urbanisme – Colombie-Britannique – Vancouver – Participation des citoyens. 3. Espaces publics – Colombie-Britannique – Vancouver. 4. Sports et tourisme – Colombie-Britannique – Vancouver. 5. Hastings Park (Vancouver, C.-B.). 6. Économie urbaine – Cas, Études de. I. Titre.

GV1034.15.M64 L6914 2005   796.72'09711'33   C2005-940476-0

Nous remercions le Conseil des Arts du Canada de l'aide accordée à notre programme de publication. Nous reconnaissons l'aide financière du gouvernement du Canada par l'entremise du Programme d'aide au développement de l'industrie de l'édition (PADIE) pour nos activités d'édition.

Nous remercions le gouvernement du Québec de son soutien par l'entremise du Programme de crédits d'impôt pour l'édition de livres (gestion SODEC), et la SODEC pour son soutien financier.

À Maya

*En mémoire de ma grand-mère, Lily McDermott
et d'un ami très cher, Rycke Pothiers*

Remerciements

CE LIVRE n'aurait jamais vu le jour sans les encouragements de Richard Gruneau, mon directeur de thèse et ami. Je lui suis reconnaissant pour tout le temps et l'énergie qu'il a mis dans ce projet au cours des cinq dernières années. Je veux aussi remercier Virgil Duff, directeur des Presses de l'université de Toronto, qui a appuyé ce projet dès le moment où je lui ai soumis mon manuscrit.

Je tiens à exprimer ma gratitude pour l'aide financière que j'ai reçue au cours de la période de recherche et de rédaction de ce livre. En 1998, alors que ce livre était encore une thèse de doctorat, j'ai reçu une bourse du Département de communication de l'université Simon Fraser. Par la suite, quand j'ai accepté un poste au Département de communication de l'université d'Ottawa en juillet 2000, j'ai pu bénéficier d'une libération partielle de ma charge d'enseignement qui m'a donné le temps nécessaire pour apporter les révisions finales au manuscrit. Pour cela, je remercie mes collègues Patrick Brunet, David Staines et Robert Major.

Je remercie enfin particulièrement Maya Spitz, qui a examiné minutieusement et commenté presque chaque phrase de ce livre. J'apprécie grandement nos débats animés et nos prises de bec sur les idées et l'usage des mots. Je me réjouis à l'avance de pouvoir répéter l'expérience tout au long de ma vie.

TABLE DES MATIÈRES

Cela peut arriver dans un parc près de chez vous…

par Marie-Michelle Poisson

« Oui, madame Poisson, une toute nouvelle piscine sera construite dans le parc Jarry !

— Comment une nouvelle piscine ? Celle que nous avons déjà ne fait plus l'affaire ?!

— Ah non, c'est que Tennis Canada veut agrandir ses installations, ils veulent construire un deuxième stade à la place de la piscine actuelle… Ne vous inquiétez pas, la nouvelle piscine sera superbe… »

C'est ainsi que j'apprenais, tout à fait par hasard, lors d'une conversation téléphonique avec la conseillère de mon arrondissement, qu'un stade allait être construit en plein cœur d'un magnifique parc public de Montréal très apprécié de la population locale.

J'ai immédiatement été envahie par l'incrédulité et la colère. Comment pouvaient-ils nous faire ça ? Comment pouvaient-ils construire un deuxième stade permanent, qui ne servirait que sept jours par année, et priver ainsi la population locale d'un vaste espace qui demeurerait inoccupé le reste du temps ? Pourquoi construire dans un parc ? N'y avait-il pas un autre lieu qui pouvait accueillir une telle infrastructure ? Pourquoi sacrifier encore des arbres et des espaces verts ? Pourquoi privilégier des intérêts privés dans un terrain public ? Pourquoi nos élus ne prenaient-ils pas notre défense, pourquoi étaient-ils tous, tant ceux du parti au pouvoir que ceux de l'opposition, du côté des promoteurs ? Quel était l'intérêt politique de la ville dans cette affaire puisque la majorité des citoyens-électeurs était contre la construction d'un deuxième stade ? Ma seule certitude au moment d'entreprendre une lutte qui allait durer deux ans et demi, était que la population locale n'accepterait pas un tel saccage de son parc.

J'ai tout de suite alerté les groupes communautaires du quartier Villeray. Sans hésiter ces groupes m'ont suivie. Nous avons produit des affiches et convoqué une assemblée publique. Quarante personnes se sont présentées à cette première rencontre. Nous avons créé une coalition de groupes communautaires et de citoyens appelée la Coalition pour la protection du parc Jarry. Quelques mois plus tard, nous avions recueilli 4 800 signatures contre le projet d'agrandissement de Tennis Canada. Puis nous avons fait les représentations nécessaires au conseil municipal et lors de consultations publiques spéciales sur ce projet.

Nos efforts se sont soldés par une victoire mitigée. Le deuxième stade a été construit plus en retrait que prévu, dans une zone du parc où il y avait déjà un stade temporaire, et de nouveaux aménagements permettent à Tennis Canada d'étendre son emprise dans le domaine public lors de son tournoi annuel pour y construire un village de tentes à l'usage des commanditaires.

Aussi longtemps que le parc Jarry sera l'hôte des Internationaux de Tennis du Canada, nous sommes donc condamnés à une vigilance incessante.

Ce qui est local est mondial
En lisant le livre de Mark Douglas Lowes, j'ai trouvé des réponses à mes nombreuses questions. J'ai d'abord compris que ce qui s'était passé au parc Jarry n'était pas un cas isolé. Partout dans le monde, les espaces publics — les parcs, mais aussi les places publiques, les rues piétonnes, les quartiers historiques, les quais ou les plages — sont convoités par les promoteurs d'événements internationaux.

Ce phénomène, qui se présente toujours comme une banale résistance locale de citoyens contre un projet immobilier envahissant, s'inscrit dans le vaste courant de mondialisation des capitaux. À travers une étude de cas, la lutte des résidants du secteur Hastings Sunrise de Vancouver contre l'installation dans leur parc d'un circuit de course automobile, le Molson Indy, l'auteur parvient à nous expliquer les présupposés idéologiques en présence dans tous les conflits similaires.

Dans son premier chapitre, Mark Douglas Lowes explique les tenants et aboutissants de l'idéologie de la « ville internationale » à laquelle adhèrent aveuglément les élites municipales. Cette idéologie, explique-t-il, va bien au-delà du simple phénomène de gentrification ordinaire. Alors que la gentrification répond aux besoins d'une élite locale en créant des logements haut de gamme dans des secteurs autrefois déshérités, les développements immobiliers conçus en fonction de la « ville internationale » cherchent à attirer l'élite mondiale et ne répondent plus aux besoins des résidants locaux, riches ou pauvres, qui habitent les centres urbains. Ce chapitre, quoique plus académique que les suivants, est essentiel à la compréhension de cette nouvelle problématique urbaine et constitue une somme de références extrêmement pertinentes pour qui veut approfondir sa réflexion sur ce sujet.

Le deuxième chapitre répond à la question fondamentale suivante : « Pourquoi existe-t-il des parcs ? » Nous prenons nos parcs pour acquis ; ces espaces magnifiques ont pourtant une histoire. Leur existence n'est pas due au hasard : il a fallu que des gens réclament et aménagent ces espaces. Que ferons-nous de cet héritage ? Que léguerons-nous aux générations futures ? Des choix idéologiques importants ont été faits par le passé ; d'autres doivent être pris aujourd'hui quant à la vocation des espaces publics. Mark Douglas Lowes nous aide grandement à mettre en relief les options qui s'offrent à nous.

Les troisième et quatrième chapitres reprennent le fil des événements spécifiques au cas étudié par l'auteur. Tous ceux et celles qui, comme mes concitoyens et moi-même, ont vécu une lutte similaire y reconnaîtront des situations, des faits, des émotions et des gestes familiers. Ces expériences partagées nous font entrevoir qu'une mobilisation plus large est possible sur un nouveau front de lutte : la préservation de ce bien commun que sont les parcs et les espaces publics. Il faudra bientôt, comme cela s'est fait pour l'eau, l'agriculture ou le commerce équitable, créer un réseau de solidarité mondiale à partir de toutes ces expériences locales.

Une leçon d'espoir

La grande leçon que j'ai personnellement retenue de l'étude de cas du parc Hastings de Vancouver, c'est que tout n'est pas perdu. Une fois que nous en aurons assez de tous ces mégaprojets, que nos élus auront mieux calculé les coûts qu'ils représentent pour les municipalités et mieux estimé leurs retombées économiques réelles, nous pourrons jeter à terre les infrastructures envahissantes, arracher l'asphalte et enfin, comme au parc Hastings, restaurer nos parcs.

Dans l'immédiat, le mieux à faire est de s'intéresser à ce qui se passe dans les parcs et de veiller à leur aménagement. Les communautés locales doivent se les réapproprier et n'accepter que des aménagements compatibles avec l'usage libre et gratuit pour le plus grand nombre. Elles doivent chercher à concrétiser leurs souhaits et leurs désirs par des aménagements significatifs pour qu'il devienne inconcevable qu'un promoteur ose même songer s'approprier cet espace.

Pour préparer l'opinion publique et clarifier les enjeux, il faut faire reconnaître le caractère immuable des espaces verts et des parcs et que cela ait force de loi.

Crise de croissance

Je crois que le moment pour s'intéresser au dossier des parcs est très propice car le sport professionnel, à l'instar de l'économie mondiale, est au bord de la crise, une crise attribuable à la logique de croissance effrénée dans laquelle les organisations sportives se sont toutes enferrées.

Les problèmes de financement au niveau des commandites et des subventions publiques risquent de faire capoter bien des projets d'événements majeurs qui auraient dû se tenir dans des parcs. D'autre part, un fort courant de désaffection envers le sport professionnel se dessine à l'horizon à cause des scandales liés au dopage ou aux détournements de fonds. La commercialisation à outrance des sports par les produits dérivés et les publicités omniprésentes commencent à exaspérer plus d'un consommateur. Déjà, dans la veine du mouvement de simplicité volontaire [1], certains amateurs de sport en viennent à se dire qu'il vaudrait mieux encourager les équipes locales qui offrent gratuitement un spectacle plus authentique. Et il y a ceux qui décident de faire plus de sport plutôt que de payer pour regarder passivement les autres en faire.

Je suis également convaincue que les gens n'accepteront plus très longtemps les contrôles excessifs qui ont lieu sur les sites d'événements spectaculaires dans le but de les obliger à consommer toujours plus. Ainsi en est-il de l'interdiction d'amener son propre casse-croûte ou même sa bouteille d'eau.

Les courses automobiles sont condamnées à plus ou moins long terme. Privés de commandite de la part des sociétés de tabac, les organisateurs menacent de partir sous des cieux plus cléments. Les commandites fournies par les sociétés d'alcool seront sans aucun doute bientôt dénoncées puisque alcool et vitesse constituent un cocktail des plus meurtriers. De plus, la course automobile est un pur anachronisme à l'heure des accords de Kyoto, ce qui risque d'entamer encore plus la popularité de ce sport dans les prochaines années.

Il faut être prêt à réagir dès que le vent tournera. Des opportunités se présenteront bientôt, nous permettant de récupérer des portions de parcs lorsqu'un événement sportif fera faillite. À ce moment, toutes ces portions seront bonnes à reprendre car elles contribueront à la consolidation de l'ensemble du parc. Il est d'une grande importance stratégique d'intervenir dès qu'un événement quittera les lieux en proposant sans hésiter le démantèlement des installations sportives de calibre international ou à caractère commercial. Sinon, nos amis les promoteurs se mettront aussitôt à chercher frénétiquement de nouveaux partenaires investisseurs susceptibles de relancer l'utilisation des équipements avec de nouvelles exigences tout aussi menaçantes pour l'intégrité du parc.

Je rêve enfin du jour où nous pourrons dire que l'habitude de promouvoir des mégaprojets dans les parcs était une mode complètement démente et que cette époque de mégalomanie est enfin révolue.

Les parcs comme laboratoires de la décroissance

Dans son dernier chapitre, Mark D. Lowes insiste sur la différence majeure qui existe entre citoyens et consommateurs. C'est dans les parcs, écrit-il, que se définissent les discours et les nouvelles valeurs de la vie communautaire.

Pour ma part, je crois que la lutte pour la reconquête de nos parcs et de nos espaces publics symbolise de manière emblématique le processus de décroissance économique qui devra être entrepris tôt ou tard dans l'ensemble de nos sociétés [2]. Au fur et à mesure que nos

parcs deviendront des lieux d'expérimentation de décroissance plani-
fiée, ils deviendront par le fait même des lieux d'expérimentation de
la croissance de la joie de vivre. En lieu et place d'un repas coûteux
chez un concessionnaire de restauration rapide, un pique-nique dans
l'herbe ; plutôt qu'un match de sport professionnel pour lequel on
aura déboursé une semaine de salaire en droit d'entrée, un match
entre amis. Au lieu de faire trois heures de voiture pour skier une
heure à la montagne, des pistes de ski de fond à trois pas de chez soi
permettant la pratique du plein air sans perte de temps, d'argent, ni
production de pollution...

Les parcs sont donc des lieux que nous devons préserver car ils
sont des portes d'entrée dans le cercle vertueux de la décroissance.

Un juste retour de l'histoire

Ceux et celles qui connaissent les temps forts de l'histoire du capitalisme moderne savent que l'épisode de l'enclosure des terres commu-
nales en Angleterre a été déterminant. À partir de ce moment en effet,
n'ayant plus accès à certains lieux de production de biens vitaux,
les populations devaient tout acheter : le fourrage pour les bêtes de
somme, le bois et la tourbe pour construire les maisons et chauffer les
foyers, le gibier, etc.[3] En se voyant confisquer leurs parcs, les populations d'aujourd'hui perdent l'accès à des loisirs gratuits, au partage
d'expériences sociales, à une vie communautaire gratifiante. Privées
d'espaces publics, elles seront obligées de s'en remettre au marché
pour combler des besoins qu'elles ne seront bientôt plus en mesure
de s'offrir sans débourser d'importantes sommes d'argent.

Je terminerai cette préface en faisant le pari suivant : la reconquête
des espaces publics que nous laisse entrevoir Mark Douglas Lowes
sera un jour perçue dans le cours de l'histoire post-moderne comme
l'événement marquant le début du déclin du capitalisme moderne.
À nous maintenant d'écrire l'histoire.

Marie-Michelle Poisson
Professeure de philosophie
au cégep Ahuntsic, Montréal

AVANT-PROPOS

AU COURS DES DERNIÈRES ANNÉES, une nouvelle image assez troublante de la ville est apparue: celle de la «ville internationale», métropole postmoderne, tellement dominée par son image de marque et ses événements touristiques majeurs qu'elle finit pas ressembler à un gigantesque parc thématique où les résidants, impuissants, ne peuvent plus rien y faire d'autre que consommer. Dans ce livre, j'analyse les contextes économique, politique et culturel dans lesquels, à Vancouver, se construit une telle image de ville internationale autour de l'événement sportif professionnel annuel le plus visible et le plus spectaculaire: la course automobile du Molson Indy de Vancouver (MIV).

Dans un monde de plus en plus imprégné de culture promotionnelle, nous ne pouvons ignorer l'omniprésence, dans notre quotidien, des mégaprojets sportifs. Selon le sociologue David Whitson, le sport professionnel est devenu un des «derniers grands rituels publics de la culture de la fin du XXe siècle [1]». C'est un argument que je reprendrai et développerai dans ce livre.

Pris dans le contexte plus large de la globalisation croissante de l'industrie du divertissement sportif, et de son intégration parfaite aux médias de masse qui touchent un auditoire mondial, le Molson Indy est devenu un élément clé de la stratégie promotionnelle grâce à laquelle Vancouver est présentée comme une ville internationale.

Comme dans beaucoup d'autres villes nord-américaines, les événements sportifs professionnels comme le Molson Indy jouent un rôle déterminant dans la définition de l'identité de la ville, lorsqu'ils ne s'y substituent pas tout simplement. De fait, les fonctionnaires municipaux, tant au Canada qu'aux États-Unis, se sont apparemment laissés convaincre par l'idée que les équipes sportives professionnelles, les événements sportifs internationaux et les installations sportives de niveau international sont essentiels pour donner l'image d'une culture sophistiquée et d'une économie dynamique. Dans ce genre d'analyse, on suppose toujours que la visibilité donnée à une ville par son association au sport professionnel est l'élément clé. « En effet, l'obtention d'une franchise de [sport] professionnel ou d'un événement [sportif] de niveau international est maintenant considérée comme faisant partie d'un processus plus large, au sein duquel les intérêts corporatifs et municipaux se battent pour donner puis assurer à leur ville une place de choix dans une hiérarchie économique et culturelle transnationale[2]. » Les événements sportifs professionnels servent donc d'outils de promotion à une ville. C'est précisément le cas du Molson Indy, du moins si nous en croyons ses promoteurs nombreux et variés.

Il va de soi que les grands événements de sport professionnel sont souvent une poule aux œufs d'or pour les organisateurs, les commanditaires, les intervenants du milieu du tourisme, de l'immobilier et de la construction. Mais il faut comprendre que tous ne partagent pas ce point de vue strictement promotionnel. Il y a une opposition au développement de mégaprojets de divertissement sportifs ; certaines personnes s'inquiètent de la manière dont leur communauté évolue. C'est précisément le thème central de ce livre.

Il est important de souligner que ceux pour qui le développement urbain est d'abord une question de marché ne sont pas toujours les grands gagnants de ce débat, car le discours des opposants au développement de ces spectaculaires projets de divertissement commence aujourd'hui à se faire entendre. Et comme je le soutiens dans la conclusion de ce livre, il faut, en cette période où les communautés locales sont attaquées de toutes parts, célébrer ces occasions où les citoyens agissent comme si leur communauté « leur appartenait à eux », et non aux développeurs qui jouissent pourtant de l'appui, souvent inconditionnel, des élites et des élus de la scène municipale. Cette étude de cas de la controverse liée au projet de relocalisation de la course Molson Indy de Vancouver examine comment les organismes communautaires peuvent exprimer leur colère lorsque les décideurs ne tiennent plus compte des intérêts locaux. Elle démontre que les citoyens peuvent reprendre le contrôle du paysage urbain et mettre en œuvre leur propre vision d'avenir pour leur communauté.

Ce livre analyse les difficultés auxquelles font face les résidants et les autres opposants aux mégaprojets de divertissement sportif. Dans le cas qui nous intéresse, les opposants furent confrontés à de puissants chantres de la relance municipale qui prétendaient que la tenue annuelle du Molson Indy est tout simplement une question de « bon sens » économique et culturel, qu'un tel spectacle est un élément incontournable dans l'effort général pour garantir à la ville un statut international.

Placé dans ce contexte, ce livre a aussi pour but d'explorer l'accroissement du rôle que joue le sport professionnel dans les stratégies de croissance économique et culturelle des grandes villes nord-américaines. J'y défends la thèse selon laquelle des événements comme le Molson Indy peuvent susciter une prise de conscience de la population locale contre l'idéologie de la ville internationale : celle qui tente de remplacer le *citoyen* par le *consommateur* comme point de référence de la vie urbaine.

Les concepts de « citoyenneté », « d'idéologie » et de « discours promotionnel » constituent la base de mon analyse. Comme le faisait remarquer Vincent Mosco, il est particulièrement important de nos jours de faire appel à la notion de citoyenneté, car une bonne partie de ce que nous trouvons dans les médias ne s'adresse aux gens qu'en tant que consommateurs ou spectateurs. Selon lui, la notion de citoyenneté « élève l'activité humaine au-delà de la vision couramment acceptée selon laquelle la meilleure manière — et même la seule, pour certains — de définir l'activité humaine est de définir sa valeur sur le marché en tant que consommateur ou main-d'œuvre[3] ».

Les questions suivantes ont servi à définir le cadre de cette étude :
– Quel rôle jouent les mégaprojets de divertissement sportif dans les stratégies de croissance des villes internationales ?
– Qui est affecté, de manière positive ou négative, par la poursuite du statut de ville internationale, et en particulier par ce qui entoure un grand événement sportif ?

– Qui profite le plus du fait que le statut de ville internationale soit calqué sur le modèle de la mobilité du capital ?

– Qui est « admis » à fréquenter les spectaculaires sites de consommation dans une ville internationale ? Qui est mis à l'écart et pourquoi ?

– Quel est l'enjeu de cette lutte pour obtenir un statut international et que signifie réellement cette nouvelle définition ?

Ce sont là des questions importantes. L'orientation de tout débat futur sur l'aménagement et l'utilisation des espaces publics des villes dépend des réponses qui leur seront données.

C'est en gros ce que ce livre tente de faire. Maintenant, afin de bien établir les limites de cette enquête, je tiens à ajouter quelques mots sur ce qui n'entre pas dans le cadre de ce livre. Tout d'abord, ce n'est pas un livre sur d'autres livres ; je n'entre pas dans une analyse détaillée des théories déjà existantes sur la gentrification, l'urbanisation, la citoyenneté, la consommation, etc. Par contre, je puise dans les travaux qui existent sur ces divers sujets et j'applique certains de leurs concepts clés et de leurs idées à l'étude du conflit entourant la relocalisation du Molson Indy. En procédant ainsi, j'ai essayé d'appuyer mon analyse sur des faits, sans pour autant en réduire l'apport théorique au point de faire de cet ouvrage un commentaire personnel ou une simple enquête journalistique.

Il faut donc considérer *Mégalomanie urbaine* comme une recherche exploratoire telle que définie par Robert Stebbins. L'exploration en sciences sociales est « une vaste entreprise calculée, systématique et préarrangée ayant pour but de maximiser la *découverte de généralisations* permettant de décrire et de comprendre un domaine de la vie sociale ou psychologique[4] ». Cette approche met l'accent sur l'élaboration de la théorie à partir de données recueillies sur le terrain, comme le veut la tradition de la « théorie ancrée » (*grounded theory*). En ce sens, poursuit Stebbins, les chercheurs « font une recherche exploratoire lorsqu'ils n'ont que peu ou pas de connaissances scientifiques du groupe, du processus, de l'activité ou de la situation qu'ils veulent examiner, mais qu'ils ont néanmoins des raisons de croire que ceux-ci comportent des éléments méritant d'être découverts[5] ». Compte tenu du fait que l'étude du sport motorisé professionnel et du rôle qu'il joue dans les stratégies promotionnelles des grandes villes est un domaine encore inexploré dans la littérature spécialisée, ce livre est nécessairement un travail exploratoire qui met l'emphase sur les données empiriques.

L'étude de cas «est une méthode basée sur l'analyse d'une seule occurrence d'un phénomène pour explorer, souvent dans le détail, le pourquoi et le comment d'un problème[6]». L'étude de cas urbaine est une méthode de recherche efficace pour analyser comment des changements dans les opportunités politiques et les «processus de cadrage» [*framing processes*] de la réalité affectent le destin d'un mouvement local; dans le cas présent, le mouvement de résistance de la communauté à la relocalisation du Molson Indy.

Par cette étude, je n'ai pas voulu mettre en cause les affirmations selon lesquelles Vancouver est une ville de calibre international, et qui en veulent pour preuve l'existence du Molson Indy. J'ai plutôt cherché à comprendre comment ses promoteurs se sont servis de la notion de ville internationale comme procédé rhétorique afin de gagner l'appui du public dans le projet de relocalisation de la course dans le parc Hastings, et comment la communauté et les opposants ont élaboré et utilisé leur propre rhétorique pour contrecarrer ce projet.

INTRODUCTION

AU DÉBUT DE L'ANNÉE 1997, les organisateurs de la course automobile du Molson Indy de Vancouver (MIV) ont dû faire face à une grave crise existentielle : ils étaient sans domicile fixe. Depuis son inauguration en 1990, la course se déroulait dans le delta de False Creek, sur l'ancien terrain de l'Expo 86 situé le long des quais du centre-ville de Vancouver. Ce site est devenu, avec les années, un espace immobilier des plus convoités. L'accélération du développement résidentiel et commercial dans ce secteur de la ville a donc rendu le site financièrement inaccessible au commanditaire officiel du MIV, Molson Sports et Spectacles (une branche de la Brasserie Molson).

Une nouvelle phase de construction pour un mégaprojet de développement sur la rive nord du delta de False Creek (où passait la piste) menaçait effectivement d'éliminer la « Tribune 19 », la plus grande et la plus payante avec ses 7 500 sièges parfaitement situés au premier virage en épingle de la piste. La perte de cet espace risquait également d'affecter les profits engendrés par la course en empiétant sur la section « hospitalité », une section couverte de tentes et de chapiteaux, équivalents des loges corporatives dans les stades de sport professionnel. Le prix pour l'une de ces retraites luxueuses varie entre 5 000 dollars et 25 000 dollars pour cet événement de trois jours, étalé sur une fin de semaine prolongée. L'impact économique de cette perte d'espace aurait été énorme. En bref, les organisateurs faisaient face avant tout à un problème d'ordre spatial. Confrontés à court terme à une réduction de l'espace disponible due à la construction de luxueux et vastes condominiums, de centres commerciaux huppés et de riches immeubles de bureaux, les organisateurs devaient trouver un nouveau site pour accueillir les nombreuses tribunes, les paddocks, les caravanes motorisées, les allées marchandes et les chalets corporatifs nécessaires pour assurer une course génératrice de profits. « C'est comme ça qu'on a commencé l'année. Bienvenue en 1997 ! », lançait un membre de l'organisation [1].

La direction du Molson Indy a fait des pieds et des mains pour trouver un nouvel emplacement afin de régler ce problème. Comme si ce n'était pas suffisant, la direction de la Série CART (*Championship Auto Racing Teams*) a ajouté de l'huile sur le feu en insistant pour que le choix du nouvel emplacement soit confirmé au plus tard le 31 mars 1997, menaçant d'attribuer sa course à une autre ville dans le cas contraire.

Bien que plusieurs sites potentiels aient été identifiés, le parc Hastings a immédiatement été considéré comme favori. Il s'agit d'un terrain de 65 hectares situé au nord-est de Vancouver, à 16 kilomètres du centre-ville. Ce parc était un des rares sites à répondre aux principaux critères établis par les organisateurs de la course : être financièrement viable, offrir de multiples points d'accès aux spectateurs, être desservi par le réseau de transport en commun, présenter au moins 53 hectares de terrain utilisable, permettre la mise en place d'un circuit urbain temporaire d'au moins 2,8 kilomètres avec une « ambiance de centre-ville », et être disponible pour une durée de 12 semaines afin de pouvoir monter puis démonter les barrières de sécurité, les tribunes, les puits et toutes les autres installations liées à la course.

En plus de répondre à ces critères essentiels, le parc Hastings avait déjà été, pendant plusieurs décennies, l'hôte de compétitions sportives et de grands événements commerciaux tels que des courses de chevaux, un parc d'attractions, des équipes de sport professionnel (les Lions de la Colombie-Britannique en football, les Canucks de Vancouver en hockey, les Whitecaps de Vancouver en soccer), des salons commerciaux et un nombre incalculable de concerts. Le plus important de tous, tant par sa taille que son prestige, était l'Exposition nationale du Pacifique (*Pacific National Exhibition*, PNE), qui tous les ans depuis 1910 investissait le lieu pendant 17 jours, attirant chaque fois près d'un million de personnes.

Avec un tel historique, les dirigeants de la Formule Indy étaient confiants dans le fait que le Molson Indy pourrait occuper le parc Hastings sans que les résidants du quartier n'exigent trop d'ajustement. Après tout, ils étaient habitués chaque été à des semaines de foule, au bruit, à l'encombrement de la circulation et à la pollution qui accompagnent inévitablement de tels événements. De plus, la PNE devait quitter le parc Hastings après la saison 1999, laissant ainsi l'espace complètement libre pour la construction d'une piste permanente de Formule Indy.

Déménager le Molson Indy dans le parc Hastings signifiait aussi que le commanditaire officiel, Molson Sports et Spectacles, conserverait la course de Vancouver. Et que, par conséquent, la ville conserverait un spectacle qui, chaque fin de semaine de la Fête du travail, générait des retombées économiques estimées à 20 millions de dollars. Vancouver pourrait alors continuer de jouir d'une visibilité télévisuelle internationale qui fait saliver les dirigeants de l'industrie touristique: environ 100 millions de personnes dans 108 pays avaient suivi les courses précédentes du MIV. Les partisans de la course Indy étaient loin de se douter qu'ils couraient tête baissée vers un mur d'opposition érigé par la communauté locale du parc Hastings.

Ce parc a été créé en 1889 quand le gouvernement provincial a légué à la ville de Vancouver un terrain d'une superficie de 65 hectares destiné au départ «à l'usage, au loisir et au plaisir du public». Mais il a rapidement été envahi par des intérêts commerciaux, qui en ont fait un lieu destiné à satisfaire les goûts des citoyens de toute la ville pour le divertissement et le sport. En 1910, il ressemblait plus à un centre d'exposition, un parc d'attractions ou un centre sportif qu'à un espace vert proprement dit. Et, durant les nombreuses décennies qui ont suivi, il a surtout servi à accueillir une série ininterrompue de spectacles. Autrement dit, tout au long du XXe siècle, le parc Hastings a servi de «centre récréatif multifonctionnel[2]».

Vers la fin des années 1970, les résidants du quartier Hastings-Sunrise ont commencé à insister auprès du conseil municipal et de la Commission des parcs et loisirs de Vancouver pour qu'ils entreprennent une restauration majeure du parc. Ils demandaient le départ progressif de toutes les grandes activités et infrastructures commerciales et exigeaient que l'on redonne au parc public son environnement naturel; un environnement propice à la pratique de loisirs dits *passifs* en comparaison à ceux, dits très *actifs*, qui y étaient proposés ces dernières décennies. Finalement, au milieu des années 1990, après de longues années de discussion et de lobbying soutenus, la lutte pour la reconnaissance de la vocation d'origine du parc Hastings semblait gagnée.

Au printemps 1996, le conseil municipal et la Commission des parcs et loisirs de Vancouver, avec l'appui de divers groupes représentant les résidants du quartier, le milieu des affaires, les environnementalistes et les syndicats, ont adopté à l'unanimité un important plan de restauration ayant pour but de reverdir le parc Hastings. L'objectif était clair et sans équivoque: le restaurer de manière à en faire un parc naturel, créant ainsi un espace vert d'envergure dans cette partie de la ville (l'est) qui en manquait, selon ses propres standards municipaux. Le parc devait devenir un espace vert prestigieux, du même calibre que le célèbre parc Stanley situé dans l'ouest de la ville.

Le projet prévoyait toute une série de transformations pour lui redonner les qualités qu'un siècle de développement urbain lui avait volées: ajouter de nombreux espaces pour les loisirs paisibles et la contemplation; restaurer le ruisseau à saumons Hastings Creek, qui avait été enseveli en 1935, pour lui redonner accès à la lumière du jour[3]; aménager des boisés, des prés et des jardins, des espaces et des installations pour le sport amateur et les loisirs; et créer un meilleur accès piétonnier entre le parc et les zones résidentielles situées de l'autre côté des autoroutes et des boulevards ceinturant le parc.

Croyant avoir obtenu l'assurance que les plans de restauration de leur parc seraient mis à exécution, les militants de la communauté s'attendaient à tout sauf à ce qu'une proposition soit faite pour qu'on y tienne le Molson Indy. Aussi, quand le directeur général de l'événement a annoncé publiquement, à la mi-janvier 1997, que le parc Hastings était son premier choix pour le nouveau site de la course, les militants ont immédiatement condamné le projet. Ils ont affirmé haut et fort qu'il n'y avait pas de place dans leur parc pour une course automobile de calibre international. «Ce serait horrible, tout ce bruit», se plaignait un résidant du quartier. Et un autre de renchérir: «Tous les résidants sont psychologiquement prêts à accueillir un parc. Ils méritent d'avoir un espace vert.» Le commissaire de la Commission des parcs, David Chesman, dénonçait le projet comme «odieux⁴». Et une administratrice de l'Association de quartier de Hastings (*Hastings Community Association*) s'est montrée encore plus directe: «Pourquoi n'iraient-ils pas à UBC [université de la Colombie-Britannique] ou à Point Grey ou à Shaughnessy [deux quartiers riches]? Pourquoi devrait-on les accueillir dans l'est?»

En réponse à une telle hostilité, les dirigeants du Molson Indy ont mis en marche leur machine de relations publiques. Ils ont prétendu que la course devrait quitter Vancouver s'ils ne pouvaient la déplacer au parc Hastings, privant ainsi la ville de toutes les retombées économiques locales et régionales. Ils ont également fait un certain nombre de «promesses» aux résidants du quartier, comme des emplois et des billets gratuits pour assister à la course. Ces efforts de lobbying ont abouti à une rencontre d'information organisée par les dirigeants du MIV pour sonder l'opinion publique sur leur projet de relocalisation au parc Hastings. Plus de 700 personnes s'y sont présentées; presque toutes étaient contre le projet. Quelques semaines à peine après cette rencontre, les dirigeants de la Formule Indy annonçaient que le site du parc Hastings n'était plus candidat pour la relocalisation de l'événement.

La bataille entre les promoteurs du Molson Indy et les groupes communautaires du secteur du parc Hastings est un cas classique de conflit ayant comme enjeu l'appropriation et l'aménagement d'un espace public urbain. D'un côté, il y a les organisateurs de la course et les chantres de la relance municipale qui prônent une utilisation «rationnelle» de l'espace public; ce qui signifie, selon eux, de faire de cet espace un site permettant d'accueillir un mégaprojet de divertissement sportif de niveau international. De l'autre, la communauté locale exige que le conseil municipal de Vancouver honore ses engagements et redonne au parc Hastings son aspect naturel. Selon ce point de vue, l'aménagement d'un espace vert de calibre international constitue l'usage le plus «rationnel» que l'on puisse faire de ce site. Ce sont là deux visions *totalement opposées* de ce que devraient être l'aménagement et l'utilisation d'un important espace public urbain.

Ce livre explore comment la culture urbaine est définie et modelée par la compétition pour le droit à conceptualiser, contrôler et utiliser les espaces publics. L'ambiance particulière d'une ville et de ses espaces publics est le reflet des décisions établissant ce qui doit y être visible ou non, les concepts d'ordre ou de désordre, et les éventuelles mesures coercitives pour rendre légitime ce qui est visible. Dans cet ordre d'idées, la géographe Doreen Massey soutient que les espaces publics « n'ont pas d'identité univoque, mais abondent en conflits internes[5] ». Un thème central de notre analyse est donc cette notion de lutte pour définir l'espace et lui donner une signification précise. L'étude de cette « tentative ratée » de déplacer l'événement de sport motorisé du Molson Indy dans le parc Hastings est également l'occasion d'aborder des questions ayant trait au paysage urbain, à la communication et à l'idéologie. Je soutiens que la capacité de faire valoir une certaine « vision » de la ville est en soi une manifestation importante de pouvoir et l'expression d'une idéologie constituant un motif de dissension significatif dans la vie urbaine contemporaine.

Toute vision particulière de la ville comporte des enjeux beaucoup plus larges, tels que la lutte pour l'usage de l'espace public, la légitimation d'un discours sur les orientations de développement et le sentiment d'appartenance des citoyens. C'est souvent l'habileté à communiquer une vision cohérente de l'espace qui permettra à un groupe de réclamer cet espace, de décider de son apparence et de ce qu'il contiendra, ce que Sharon Zukin appelle un « processus de cadrage[6] ».

La bataille entre les partisans du Molson Indy et les militants pour la protection du parc Hastings est un remarquable exemple de conflit sur l'usage de l'espace urbain et des forces en présence dans ce genre de situation. Au printemps 1997, ce parc était très clairement une source de conflit, portant sur son passé et la nature de son « héritage », sur son aménagement et son utilisation présente, et, enfin, sur son avenir. Cette bataille pour le contrôle de l'espace et de son utilisation est un problème central auquel fait face la culture urbaine contemporaine.

Dans ce genre de bataille, on a accordé une visibilité et une importance croissantes aux rendez-vous sportifs professionnels, tous sports confondus. Résultat : nous constatons une augmentation de la littérature portant sur le sport de haut niveau et sur les villes nord-américaines qui cherchent à améliorer leur image et à raviver la prospérité économique de leur centre-ville grâce à de spectaculaires projets de développement centrés sur la consommation et les loisirs[7]. Cette littérature insiste sur le fait que beaucoup de décideurs municipaux et de groupes d'intérêts du milieu des affaires considèrent maintenant le sport professionnel comme un important facteur de croissance économique. Les fonctionnaires municipaux, de Montréal à Tampa Bay, de Toronto à San Francisco, de Vancouver à Los Angeles, ont accepté l'idée selon laquelle les équipes de sport professionnel, les grands événements sportifs et les installations sportives sont essentielles pour donner aux villes un éclat international. Comme le dit un maire d'une ville américaine : « Il n'y a aucun doute que l'image d'une ville dépend de la présence d'une franchise de sport professionnel... Si vous demandez aux gens quelles sont les grandes villes américaines, je suis sûr que 99 % d'entre eux nommeront une ville où il y a une franchise de la NFL[8]. »

Par conséquent, dans leur désir d'attirer ou de garder une franchise ou un événement sportif professionnel, les administrations municipales travaillent souvent d'arrache-pied pour contenter l'industrie du sport ou lui fournir le support financier dont elle a besoin, en particulier en rénovant à grands frais de vieux stades ou en en construisant de nouveaux dotés de nombreuses loges corporatives et de suites luxueuses fort lucratives pour les promoteurs. Beaucoup de fonctionnaires municipaux en Amérique du Nord prétendent que la construction d'un nouveau stade ou site sportif est essentielle pour garder ou acquérir au moins une franchise de sport professionnel, qu'il s'agisse d'une équipe sportive ou d'un événement comme le Molson Indy. Les villes qui ont réussi à arracher à d'autres villes une équipe de sport professionnel ou un événement sportif de niveau international s'attendent par ailleurs à ce que les coûts de construction d'un stade et ceux associés au lobbying nécessaire à l'obtention d'un tel événement soient amplement compensés par une augmentation de l'activité économique, accompagnée d'une escalade des recettes fiscales[9].

La visibilité accrue que donne à une ville son association au sport professionnel serait un élément clé de ces revenus anticipés. Dans une discussion portant sur la tenue des Jeux Olympiques d'hiver à Calgary en 1988, le sociologue Harry Hiller désigne ce phénomène comme un « effet vitrine » : « Certains affirment que l'impact des Jeux Olympiques d'hiver à Calgary en 1988 dépasse celui des installations sportives et de l'événement en soi et que les Jeux procurent à Calgary, [par] « l'effet vitrine », [l'image] d'une ville moderne grâce à son récent développement économique[10]. »

Pourtant, de plus en plus d'analyses critiques, très bien documentées, s'attaquent aux fondements de ces affirmations et remettent en cause les raisons qui poussent les autorités municipales à y adhérer. La plupart de ces analyses ont, jusqu'à présent, porté sur des considérations d'ordre quantitatif. Les chercheurs se sont d'abord attachés à étudier les coûts directs supportés par les municipalités d'accueil, en accordant une attention particulière aux énormes subventions publiques versées aux propriétaires des franchises sous forme de réductions de taxes, de cessions d'espaces publics pour y organiser leurs événements, de revenus de stationnements aménagés sur des terrains appartenant à la municipalité, et de profits générés par la sous-location de terrains publics à des concessionnaires commerciaux en tout genre. Pour une large part, les travaux universitaires remettent en question les affirmations des promoteurs du sport professionnel qui justifient les importantes subventions publiques accordées pour la construction de stades et autres installations sportives par le fait que le sport professionnel est un important catalyseur de la croissance économique.

Ainsi, dans leur étude sur l'impact économique de la présence de stades et de sports professionnels sur le développement urbain, Robert Baade et Richard Dye concluent que dans la majorité des villes étudiées, les stades et les équipes sportives n'apportent rien de statistiquement significatif à l'économie métropolitaine. Ils soutiennent que le financement du sport professionnel à partir des fonds publics, particulièrement pour ce qui touche aux stades sportifs, n'est pas un investissement judicieux. « Si tous les coûts réels étaient inclus dans le calcul du bilan coûts-avantages, l'investissement de fonds publics dans les stades montrerait une perte [11]. » D'autres chercheurs ajoutent que les fonds publics utilisés pour subventionner le sport professionnel engendreraient de plus grands bénéfices s'ils étaient utilisés à d'autres fins [12].

Les études quantitatives sérieuses sur les impacts économiques réels des équipes et des événements sportifs professionnels apportent donc une judicieuse révision des prétentions exagérées des organisateurs sportifs et des décideurs du monde municipal. Il est toutefois beaucoup moins facile de quantifier les effets économiques potentiels résultant d'une visibilité accrue d'une ville, particulièrement en terme de croissance dans les secteurs du tourisme, des congrès, des affaires et du commerce extérieur. Il semble effectivement raisonnable de penser qu'à long terme les événements sportifs de niveau international, parce qu'ils sont retransmis partout dans le monde par la télévision, peuvent avoir des effets bénéfiques sur l'économie de la ville hôte. Toutefois, cela n'écarte pas la thèse selon laquelle ces subventions seraient encore mieux utilisées dans d'autres secteurs d'activités.

Il existe dans toutes les communautés des groupes qui croient fermement que la ville serait mieux servie si elle investissait dans d'autres secteurs de la vie municipale : les services publics, les groupes communautaires et les différents types d'espaces publics. Pour comprendre ces autres points de vue, nous avons besoin d'études qualitatives sur l'accueil que la communauté réserve aux mégaprojets de divertissement sportif.

En particulier, il y a un manque d'analyses détaillées des mouvements d'opposition qui ont réussi à contrer la promotion de tels spectacles. Par exemple, l'incapacité flagrante de plusieurs stades à générer l'expansion économique promise a fait croître partout en Amérique du Nord une opposition populaire au financement des stades sportifs à même les fonds publics. Pourtant, nous n'entendons parler que des victoires des organisateurs du sport professionnel comme d'un fait inévitable. Faut-il forcément que « lorsque le capital affronte la communauté, ce soit le capital qui remporte la bataille[13] » ? Si l'on en croit David Harvey, le capital ne peut être défait par des mouvements politiques locaux dans le contexte actuel ; les chances de modifier le cours de l'histoire du développement du capital par ce genre d'opposition locale seraient faibles, voire nulles. À son avis, la résistance est « relativement en mesure de s'organiser au niveau local, mais ne détient pas le pouvoir suffisant pour étendre son influence à une échelle plus vaste » : « Toutefois, en s'accrochant, souvent par nécessité, à une identité associée à un lieu, de tels mouvements d'opposition finissent, malgré tout, par faire partie de cette fragmentation des marchés de masse qui alimentera par la suite la mobilité des capitaux. La résistance régionale, la lutte pour l'autonomie locale, les organismes fermement ancrés dans leur milieu, sont peut-être d'excellentes bases pour une action politique, mais elles ne peuvent supporter seules le poids d'une transformation radicale du cours de l'histoire. »

Ces observations sont provocantes. Toutefois, leur pessimisme a peu à offrir aux résidants qui s'unissent occasionnellement contre les menaces qui touchent leur milieu, à ces gens qui luttent contre les promoteurs et autres agents de développement économique afin de garder le contrôle des décisions touchant l'avenir de leur communauté et de préserver leur qualité de vie. Même s'il faut toujours garder en tête la tendance globale en faveur de l'accumulation des capitaux, il faut aussi reconnaître l'importance vitale d'entreprendre des études de cas sur les conflits urbains permettant d'identifier des espaces de résistance locale. Nous ne devons pas seulement développer des théories nouvelles et dynamiques sur l'espace urbain, mais également trouver des *applications* à de telles théories ; c'est précisément ce que cette étude cherche à faire. À une époque où les communautés sont attaquées de toutes parts par les forces du développement, il est important de rapporter l'histoire de militants communautaires qui ont gagné leur bataille contre ce « bon sens » que veulent leur imposer les promoteurs de la croissance économique de tout acabit. L'étude de cas qui constitue le cœur de ce livre — la résistance locale à un projet de déménager le Molson Indy de Vancouver dans le parc Hastings — relate une telle aventure.

Mon analyse débute, au premier chapitre, par quelques remarques préliminaires sur les « spectaculaires sites de consommation » aménagés dans les villes nord-américaines contemporaines. Le Molson Indy et la bataille pour l'utilisation du parc Hastings sont placés dans le contexte des grandes dynamiques politiques, économiques et culturelles transnationales. D'autres chercheurs ont tenté d'analyser et de comprendre les implications de ces dynamiques sur les *significations* qui sont données à l'espace public dans les métropoles contemporaines ; j'offre une évaluation des problèmes et des défis que soulèvent ces différentes significations.

Le deuxième chapitre présente d'abord un survol historique de l'aménagement et de l'utilisation du parc Hastings depuis sa création, à la fin des années 1880, puis un récit détaillé des récents efforts des militants de la communauté pour s'assurer de l'engagement de la ville de Vancouver dans la restauration du parc de manière à en faire un espace vert. Les troisième et quatrième chapitres examinent quant à eux la crise qui a éclaté au début de 1997, suite à la proposition de déménager la course automobile du Molson Indy dans le parc Hastings. Le troisième chapitre met l'accent sur les efforts concertés des organisateurs de l'événement et de ses partisans pour « vendre » le projet de relocalisation aux résidants du quartier et aux militants pour la protection du parc, tandis que le quatrième chapitre examine l'opposition victorieuse à ce projet. Dans le dernier chapitre, j'utilise les données recueillies au cours de cette étude de cas pour développer la thèse selon laquelle des événements comme le Molson Indy peuvent servir à doter les populations d'une conscience politique en opposition à l'idéologie mercantile de la ville internationale — cette idéologie qui tente de remplacer le *citoyen* par le *consommateur* comme point de référence de la vie urbaine.

Résumé
↓
importance des études
de cas sur des cas "militants"
tels le MIV...
↓
critique
(qu'est-ce qui constitue une bonne
étude de cas...)

CHAPITRE PREMIER

Les spectaculaires sites de consommation

LES MÉDIAS qui couvrent le Molson Indy de Vancouver (MIV) rappellent constamment que la course fait la promotion de la ville sur la «scène mondiale». C'est une corde sensible que l'on fait souvent vibrer en affirmant que le fait d'être l'hôte de cet événement international spectaculaire pourrait transformer Vancouver en un «Monaco de l'Amérique du Nord, un Monte-Carlo canadien». Cette comparaison renvoie évidemment à tout ce qu'il y a de prestigieux et de faste à Monaco : la famille royale et les relations de la défunte Grace Kelly avec Hollywood, les palais et manoirs, les chics hôtels et casinos, un paysage méditerranéen à couper le souffle, une réputation de cour de récréation des maîtres mondiaux de la finance, et, ce qui n'est pas le moindre, la course annuelle du Grand Prix de Monaco, un incontournable du circuit de la Formule Un.

Tout comme la course de Monte-Carlo, celle du Molson Indy, avec son site spectaculaire dans le delta de False Creek, est pleine d'images qui rappellent la grandeur et le chic européens. Au dire des organisateurs, c'est le Molson Indy qui apporte tout cela à Vancouver chaque année — le mode de vie international que représentent les courses d'élite de sport motorisé, les séduisants pilotes débarqués du monde entier, notamment du Brésil, d'Argentine et d'Espagne. «Le Molson Indy de Vancouver est plus qu'une simple course. Il est devenu un événement de niveau international », déclarait le président de Tourisme Vancouver lors de l'événement de 1995. Pour les gens d'affaires du monde municipal, le Molson Indy est la preuve que Vancouver fait partie des villes de niveau international. « C'est le Monte-Carlo du Canada, rien de moins, un endroit époustouflant où la chaîne côtière montagneuse rencontre l'océan Pacifique[1]. »

Cette idée que Vancouver peut être comparée à Monte-Carlo provient des prétentions internationales de la ville. Émergeant sur la scène mondiale, la ville se doit d'être à la hauteur et met en avant un mode de vie luxueux, comme en témoignent sa forte concentration de galeries d'arts, ses boutiques de vêtements et d'accessoires à la mode, ses salons de coiffure, ses librairies nouvel âge et les nombreux cafés Starbuck qui envahissent le delta de False Creek. Le Molson Indy, quant à lui, donne à la ville une visibilité internationale par sa couverture médiatique et la horde de journalistes qui passent quatre à cinq jours en ville et ne couvrent pas uniquement la course, mais rapportent aussi diverses histoires d'intérêt général sur la ville et ses environs. Grâce à cet engouement médiatique, Vancouver est présentée comme une ville typiquement internationale. « Ça porte Vancouver sur la scène mondiale, à la fois comme une destination importante et comme une ville qui sait faire la fête[2]. »

Nous avons demandé à un ingénieur de la ville responsable du dossier Molson Indy d'expliquer quel avantage tirait la ville de l'organisation de la course. Il a répondu sans hésitation que la principale motivation qui pousse la ville à appuyer l'événement est la « visibilité mondiale » qui en résulte : « La ville elle-même ne fait pas vraiment d'argent avec le Molson Indy, [pas directement]. La couverture de la course, c'est ce qui fait connaître la ville dans le monde. C'est la visibilité. » Cette visibilité internationale, si on en croit cet argument, se traduit en retombées économiques, principalement sous la forme d'une augmentation du tourisme. Et c'est là que Vancouver et son milieu des affaires trouvent apparemment leur avantage. L'ingénieur à qui nous avons parlé poursuit : « Vous savez comment ça fonctionne. Pour que la course soit télédiffusée au Brésil, en Afrique du Sud, au Mexique ou en Australie, il faut abandonner les droits de télévision. Mais en le faisant, vous mettez la course au petit écran dans ces pays. Et hop! Vancouver apparaît! Regardez ces montagnes. N'est-ce pas que ce serait agréable de les visiter, d'y faire du ski? Vous voyez?... C'est excellent pour faire la promotion des monts

Molson Indy can be used for leverage for other events in terms of infrastructure/event planning

Whistler et Blackcomb. Le Molson Indy de Vancouver a été présenté à plusieurs reprises comme le *Monaco de l'Amérique du Nord*, en référence au grand prix de Formule Un qui y a lieu annuellement, un événement majeur et prestigieux connu partout dans le monde.» Jerry Krull, depuis longtemps promoteur et passionné de sport motorisé, poursuit sur cette comparaison entre les deux villes : «Monaco est une course de Formule Un. Il y a toujours, là-bas, des opposants à la course qui expriment leur désaccord dans les médias locaux. Mais s'ils sortaient la course de Monaco, la ville perdrait non seulement son côté mystique, mais aussi l'afflux d'argent que génère l'événement chaque année. Et puis ça fait aussi partie de leur culture ; c'est un élément clé de l'identité de Monaco en tant que ville internationale de prestige. C'est ce que j'aimerais voir arriver à Vancouver avec le Molson Indy. Il y a beaucoup d'appuis pour la course dans la population. Cela apporte chaque année quelque chose de significatif pour le secteur local, un gros rassemblement de célébrités.»

Dans la même ligne de pensée, le directeur des communications du Molson Indy explique que la tenue de l'événement est un argument promotionnel de poids pour présenter Vancouver comme une ville de niveau international. Il reconnaît que, «d'un point de vue technique, nous sommes nuisibles. Nous fermons des rues, nous fermons des ponts, les voitures sont très bruyantes.» Néanmoins, il soutient que «en bout de ligne, la communauté appuie la course parce que c'est bon pour la ville, ça lui donne une bonne image [et] c'est tellement amusant... la ville est bondée. C'est difficile de trouver une chambre d'hôtel au cours de cette longue fin de semaine de septembre. Ça amène un milliard de téléspectateurs à Vancouver. Comment pouvez-vous mettre un chiffre là-dessus en terme de promotion touristique ou autre ? *Ça renforce encore plus le statut de Vancouver comme ville internationale* [3].»

Mais pour que le Molson Indy ait un tel pouvoir évocateur, il est crucial que la course se déroule dans un endroit qui ait une «ambiance de centre-ville, une ambiance internationale. Vous ne pouvez tenir l'événement n'importe où.» C'est pourquoi le delta de False Creek est un endroit idéal, comme le fait remarquer un membre de l'équipe du MIV : «Là-bas, la course est au bord de l'eau. Vous y trouvez de chics condominiums et des tours de bureaux, les gens sur leur yacht, amarrés dans le bassin est de False Creek. La vue est vraiment superbe, pittoresque, et c'est une des raisons pour laquelle le groupe Indy tenait tellement à garder la course à Vancouver... Burnabey et Surrey sont difficilement comparables au delta de False Creek, au centre-ville de Vancouver. Vous savez, Vancouver est une ville de niveau international et ça signifie beaucoup quand vous êtes l'hôte d'un événement comme celui-là. Prenez l'exemple du Grand Prix de Détroit. Sans vouloir rien enlever à cette course, elle a tout de même lieu à l'ancien aéroport de Détroit. Ils n'ont pas une belle piste là-bas ; ça n'a rien, disons, d'éclatant.»

Le delta de False Creek livre donc ce paysage spectaculaire. Comme nous allons le voir dans les prochains chapitres, le parc Hastings l'offre aussi, et c'est pourquoi les organisateurs voulaient y déménager la course quand ils ont perdu l'accès au site de False Creek.

Fabriquer l'image d'une « ville internationale »

Cette grande préoccupation pour l'image et le rôle crucial qu'elle joue dans la relance économique des municipalités et les stratégies de croissance urbaine n'est pas un phénomène totalement nouveau. Richard Gruneau et David Whitson soutiennent que l'image a *toujours* été importante pour les villes industrielles modernes. « Le « boosterisme[4] », écrivent-ils, combine l'optimisme professionnel de l'entrepreneur à une compétitivité que l'on présente comme un instinct de survie.» Au début du XXe siècle, par exemple, alors que le capitalisme canadien laissait la voie libre à l'esprit d'entreprise, les « boosters » locaux redoublaient d'efforts pour que leur communauté naissante se démarque de toutes celles qui pouvaient lui ressembler. L'Ouest canadien, en particulier, a attiré « les rêveurs et les promoteurs » et ces « rêves (et investissements) risquaient de s'envoler rapidement en fumée si vous ne réussissiez pas à les faire partager, c'est-à-dire à convaincre un nombre suffisant de gens de s'installer dans votre communauté plutôt qu'ailleurs... La présence d'un plus grand nombre de colons dans une localité pouvait faire en sorte qu'un marchand y ouvre un commerce, ou qu'un médecin y établisse sa pratique. En retour, la présence de commerces et de services incitaient les fermiers à faire des affaires à cet endroit plutôt qu'à un autre, ce qui contribuait à y attirer davantage de commerces et de colons[5].»

[note manuscrite : Lutte pour promouvoir "la ville" date depuis la colonisation de l'ouest.]

En ce sens, la construction du paysage urbain canadien a donné lieu à une chaude lutte promotionnelle. Les chances qu'une région devienne un important centre urbain ou soit réduites en poussière dépendaient pour beaucoup de l'habileté de ses autorités municipales à y attirer les industries, y créer des emplois et y offrir des loisirs attrayants pour les citoyens. Dans ce contexte, il était nécessaire de cultiver et de véhiculer une image de prospérité, celle d'une région animée par un esprit d'entreprise dynamique et visionnaire.

La présence d'une « vie communautaire » était également très importante pour fabriquer l'image d'une région prospère et se démarquer des autres régions rivalisant pour les mêmes investissements en capital et les mêmes colons. Gruneau et Whitson soutiennent que l'image positive de la vie dans la communauté était un facteur déterminant, non seulement parce qu'elle avait un impact sur le bonheur des familles de colons et d'ouvriers, mais aussi parce qu'elle « renforçait l'image d'une communauté vivante (et donc probablement en expansion) [6] ». Il est alors devenu pratique courante pour les gens d'affaires et ceux qui trouvaient un intérêt dans la promotion de leur communauté d'appuyer toute une variété d'associations et d'organismes communautaires. Les équipes sportives, en particulier, sont devenues des outils promotionnels extrêmement populaires pour étendre la réputation d'une ville, surtout de celles qui remportaient la victoire lors des foires ou des compétitions régionales [7].

C'est ainsi que le sport organisé, qui s'est développé au Canada au cours des deux dernières décennies du XIXe siècle et au début du XXe siècle, est devenu un puissant véhicule pour exprimer les aspirations, l'esprit, la fierté et la prospérité d'une communauté. Tout au long de cette période, le caractère démonstratif des grands divertissements sportifs offrait un nouveau moyen de parler de manière métaphorique des relations entre l'identité, le statut et le pouvoir d'une localité sur la scène canadienne. L'impact d'une victoire ou d'une défaite a grandement augmenté à partir du moment où les athlètes ou les équipes locales ont commencé à représenter leur communauté. Si les athlètes étaient originaires d'une communauté ou s'ils y habitaient, on pouvait alors affirmer avec autorité que la qualité de la performance de l'équipe était représentative de la communauté qui l'avait produite, « non seulement au niveau de l'habileté de ses joueurs, mais également de la force de caractère de ses habitants [8] ».

Cette dynamique de la représentativité a joué un rôle essentiel dans les débuts de l'urbanisation et de l'industrialisation du Canada.

Elle est apparue au moment où s'esquissaient les premiers traits de la carte du pays que nous connaissons aujourd'hui : une carte où apparaissent désormais des agglomérations bien établies et desservies par un important réseau de transport et de communication. Dans ce contexte, le sport et les foires, ainsi que l'architecture souvent spectaculaire qui les accompagnait, ont contribué à célébrer la modernité industrielle. Car c'est par l'intermédiaire des foires agricoles, des expositions et des équipes sportives d'une communauté ou d'une région, ainsi que par le choix de leur emplacement, qu'ont été élaborés les discours sur la technologie, le progrès et la prospérité. Le but de ces discours était de transmettre un message fort et positif sur une ville donnée afin d'attirer l'attention et de susciter la confiance des investisseurs. *(re: leveraging event planning)*

L'Exposition nationale du Pacifique (*Pacific National Exhibition*, PNE), inaugurée au début du XXᵉ siècle dans le parc Hastings à Vancouver, en est un bel exemple. Foire agricole majeure, elle présentait les dernières innovations en matière de machinerie agricole et industrielle, ainsi que des installations pour la course de chevaux et autres divertissements. Pour les responsables municipaux et les principaux représentants du monde politique et des affaires, l'objectif plus général de cette exposition annuelle était de démarquer Vancouver des autres villes de la région, en la présentant comme une ville industrielle dotée d'un esprit d'entreprise très dynamique et d'un grand optimisme : précisément le genre d'image qui confère un avantage dans la lutte pour attirer les investisseurs industriels et assurer la croissance de sa population[9].

Tout au long du XXᵉ siècle, l'image a continué de jouer un rôle vital dans les stratégies de croissance des grandes villes nord-américaines. Néanmoins, au cours des trois dernières décennies les processus d'urbanisation et de colonisation que nous venons de décrire ont quelque peu changé. Les chercheurs en sciences sociales s'accordent en effet pour dire que depuis le début des années 1970, une certaine transition s'opère entre une phase bien précise du développement capitaliste et une phase nouvelle, que l'on désigne sous des termes aussi variés que le « post-industrialisme », le « post-fordisme » et la « mobilité du capital ». Au cours de cette transition, nous sommes passés d'une économie manufacturière centralisée, caractérisée par la production à grande échelle, la réglementation gouvernementale et le marché de masse, à un mode d'organisation de la production plus versatile et flexible au niveau technologique. Parallèlement, en réponse à la déréglementation tous azimuts de l'industrie et du marché, et grâce aux nouvelles technologies de la communication, nous avons aussi assisté à une fragmentation généralisée du marché de masse en plusieurs créneaux spécialisés. Il est facile d'exagérer ces changements. Mais ils semblent bel et bien avoir eu un impact significatif sur les vieilles villes industrielles, provoquant une restructuration économique et sociale profonde, voire, dans certains cas, leur effondrement et leur disparition [10]. Nous sommes maintenant dans une période de « transformations et de changements déconcertants » au niveau de la structure et de l'organisation tant de l'économie que de la société occidentale moderne [11]. Le capitalisme est « à un carrefour de son développement historique annonçant l'émergence de forces (technologiques, commerciales, sociales et institutionnelles) qui seront très différentes de celles qui ont dominé l'économie de l'après-guerre ». Nous avons l'impression, de manière générale et diffuse, que ces transformations marquent le début d'une ère nouvelle au regard des forces qui dirigent, stabilisent et reproduisent le monde capitaliste.

Contrairement à l'expansion économique sans précédent de la période d'après-guerre, les années 1960 et 1970 ont été marquées par une série de changements dans la distribution de la richesse, du pouvoir et du statut des villes et des régions partout en Amérique du Nord. On a constaté en particulier un déplacement de la richesse et des populations des centres industriels autrefois puissants vers d'autres activités économiques et d'autres lieux [12]. De plus, les stratégies généralisées de réduction du déficit adoptées par les gouvernements nationaux et régionaux, comme celle du « transfert » de la dette des gouvernements de niveau supérieur vers les municipalités, ont augmenté la pression exercée sur les budgets municipaux. Dès lors, autant les villes en croissance que celles en déclin ont été projetées dans une lutte sans merci pour trouver de nouvelles formes d'investissements, des investissements en capitaux bien précis, et pour mieux se positionner par rapport aux autres villes. Cela a provoqué, à l'échelle mondiale, *une rivalité féroce entre les villes*, rivalité qui dépasse de beaucoup celle du début du XXᵉ siècle. Sur ce point, Gruneau et Whitson écrivent : « En rivalisant pour de nouvelles formes d'investissements, autres qu'industriels, les gouvernements municipaux sont devenus volontairement plus "entrepreneurs". Ces "villes entrepreneuriales" rivalisent maintenant pour devenir des centres financiers, des centres administratifs, et... des centres de culture et de divertissement[13]. »

En réponse à la nouvelle forme d'accumulation du capital et à son impact dramatique sur les centres industriels, l'élite municipale a cherché à insuffler à la ville une nouvelle vie en développant des stratégies de croissance d'abord centrées sur des investissements et des chantiers de construction, afin de remodeler ou reconstruire une portion de l'environnement urbain. Tout cela a pour but d'accueillir des activités plus profitables et d'offrir davantage d'occasions de consommer, en proposant notamment de vastes condominiums, des boutiques chics et des édifices de bureaux, tous destinés à la classe moyenne supérieure. En d'autres mots, des secteurs de la ville sont réhabilités pour encourager les plus nantis à y pratiquer leurs activités sociales et économiques, activités qui génèrent de bien meilleurs profits pour l'économie locale[14].

Les projets de revitalisation urbaine modifient aussi bien l'allure physique d'une ville que son image, c'est-à-dire la manière dont elle est perçue et vécue, la relation émotive que chacun (résidants et touristes) noue avec ses différents aspects. Mais pour les grandes villes, au cours des trois dernières décennies, la question de l'image a pris une importance particulière. Il s'agit de rehausser l'image de la ville, de modifier les perceptions de la ville comme étant un lieu de désinvestissement, de détérioration, de criminalité et de pauvreté. Si, dans les pays occidentaux, la promotion du progrès, de la croissance, de la vitalité et de la prospérité est depuis longtemps mise en avant par les agents économiques du monde municipal, elle est dorénavant d'une urgence capitale. Dans ce contexte, « l'image de la ville vigoureuse, en voie de renaître, est soigneusement présentée comme le germe de l'importance future d'une ville[15]. »

Plus précisément, c'est l'image d'une ville internationale que l'élite municipale cherche maintenant délibérément à construire. Les chercheurs affirment que la cause principale de cette quête de statut est la rivalité qui existe entre les villes pour l'obtention de gros investissements publics et privés contribuant à leur croissance économique[16]. Par exemple, David Harvey soutient que les villes prennent maintenant grand soin de créer une *image de marque* positive et de qualité supérieure, et qu'elles recherchent une architecture et des formes d'esthétisme urbain qui répondent directement à de tels besoins. «Qu'elles se sentent tellement sous pression [...] est compréhensible compte tenu de l'histoire plutôt sombre de la désindustrialisation et de la restructuration qui a laissé, dans le monde capitaliste avancé, peu d'options aux villes d'importance, excepté celle de rivaliser avec les autres pour devenir un centre financier, commercial et de divertissement[17].» Pour les agents économiques du monde municipal, il semble, plus que jamais, que *l'image est tout ce qui compte*.

À cause de cette incessante rivalité entre les villes, les dépenses en relations publiques et en fabrication d'image sont souvent considérées comme aussi importantes que celles qui touchent aux infrastructures urbaines ou à toute autre amélioration tangible. Plus une ville comme Vancouver peut apparaître sur une scène du même calibre que New York, Tokyo et Los Angeles, plus les autorités municipales croient en ses chances de croissance et de prospérité, plutôt que de demeurer un simple centre régional ou provincial en marge du commerce, de la politique et de la culture mondiales.

Les spectaculaires sites de consommation sont essentiels pour transmettre cette image de ville internationale. Les mégacentres commerciaux, les centre-villes gentrifiés, les complexes immobiliers situés au bord de l'eau avec centre de congrès et hôtels, les vastes condominiums, les espaces de bureaux, les boutiques de luxe et les stades sportifs — ce sont là les spectaculaires «palais de la consommation» qui servent maintenant à construire l'image d'une ville. C'est autour de ces espaces que se construisent et se propagent les discours promotionnels sur l'identité d'une ville et ses développements futurs, de sorte qu'il est désormais monnaie courante de construire l'image d'une ville en aménageant de tels sites pour y attirer les capitaux et le public cible. Non seulement ces endroits sont des sites de consommation par excellence, mais, plus significatif encore, ils sont les éléments clés de la symbolique d'une ville; c'est grâce à eux qu'elle est présentée et vendue comme une ville internationale.

Par ailleurs, l'image d'une ville ne dépend pas que de son architecture et de son environnement physique; les *styles de vie* que les gens vont expérimenter dans les limites de ses espaces, par l'entremise de loisirs ou d'activités récréatives, sont également cruciaux. Car en circulant dans ces lieux de consommation, les gens se créent une identité personnelle et collective, dont la principale caractéristique est le désir généralisé d'investir leurs ressources personnelles (temps, argent et effort) dans la *réalisation d'un style de vie* donné. Toute analyse sérieuse de la vie urbaine contemporaine se doit donc de reconnaître que les styles de vie et les activités de consommation marquent l'apparition de nouvelles identités personnelles et collectives. Et en ce sens, nous devons traiter la consommation comme un élément actif influent dans la formation de la culture tant *privée* que *publique*. Ces activités de consommation touchent nécessairement aux différents courants sociaux qui influencent la pratique des loisirs, et créent également de nouvelles attentes au plan personnel, quant au contrôle et à l'utilisation du temps et de l'espace.

Un thème majeur de la littérature suggère même que la manière dont les espaces de consommation sont organisés dans les villes contemporaines est devenue au moins aussi importante dans la vie des gens que l'organisation des espaces de production (usines, entrepôts, chantiers naval et ferroviaire)[18]. Cette affirmation oblige à insister sur l'importance de l'industrie des loisirs et du divertissement — la soi-disant industrie culturelle — dans l'économie politique urbaine. Car avec le déplacement permanent de l'industrie manufacturière et le développement sans cesse croissant du secteur des services, de la finance et des organismes à but non lucratif, la production et la consommation culturelles occupent une place prépondérante dans l'économie urbaine. La « culture » est en fait à la fois une matière première et un bien public ; elle est une des bases de la croissance économique et un moyen de modeler la ville et sa vie publique[19]. Si nous voulons comprendre le fonctionnement de la culture populaire urbaine contemporaine, nous devons donc examiner les phénomènes actuels liés aux espaces publics de consommation les plus en vue.

Les sites de consommation en tant qu'espaces de loisirs

Sur le plan des comportements individuels et de la socialisation de groupe, tandis que des modifications sont apportées aux bâtiments, l'accent est mis sur différentes formes de flânerie et de loisirs[20]. Évidemment, les immeubles eux-mêmes n'encouragent pas un nouveau comportement social de manière déterministe. Ils sont toutefois rénovés pour favoriser et accueillir les nouvelles combinaisons d'activités de loisir et de consommation qui caractérisent cet intense réaménagement urbain. Le comportement du consommateur, tel qu'il a été anticipé ou recherché, se manifestera ou non selon la manière dont les gens *utilisent* le site. Autrement dit, tout dépend de la manière dont les utilisateurs s'approprient le site, ses espaces et ses installations pour pratiquer certaines activités de consommation. Et c'est ce qui rend les principaux sites de consommation de la ville contemporaine si fascinants et instructifs : ensemble, ils forment un tout et présentent un modèle unique d'aménagement qui se veut une *synthèse* des lieux de consommation et de loisirs. Cette synthèse fait partie intégrante de la notion plus générale de consommation en tant que *style de vie*. Le centre commercial contemporain est l'exemple parfait d'une telle synthèse. Selon Rob Shield, dans les mégacentres commerciaux des grands centres urbains d'aujourd'hui, on observe une nouvelle forme spatiale et culturelle, résultant de la combinaison de deux courants en aménagement de l'espace : 1° un aménagement caractéristique des espaces de loisirs, et 2° un aménagement caractéristique des sites commerciaux[21]. Du point de vue de la consommation, le centre commercial n'est donc pas seulement un endroit où acheter des choses, mais également un site qui sert à toutes sortes de loisirs. Comme le souligne Sharon Zukin : « Dans un centre commercial, ceux qui, tout en y participant, "résistent" à la culture populaire de consommation de masse peuvent être des promeneurs, des joggers d'âge respectable qui cherchent un endroit sécuritaire pour faire de l'exercice, ou des adolescents qui y traînent parce que c'est le seul espace public de la banlieue. Bien qu'il soit impossible de déterminer ce qu'ils pensent simplement en les regardant, nous savons que cet espace est important pour eux et qu'il modèle leur identité sociale[22]. » Les espaces publics de consommation relient les gens qui y circulent à l'ensemble de la société.

Or, unir consommation et loisirs n'est pas un phénomène récent. Ses origines remontent aux premiers espaces commerciaux, tout particulièrement aux galeries marchandes européennes et aux grands magasins des villes nord-américaines de la fin du xixᵉ siècle — soit les premiers grands sites de consommation modernes. Ces galeries marchandes et grands magasins étaient un signe visible de la transformation des métropoles. Ils offraient aux consommateurs anonymes de nouvelles opportunités de « piller les biens du monde[23] ».

Dans l'anonymat des étalages utopiques, les consommateurs pouvaient généralement flâner comme ils le voulaient, utiliser les innombrables installations selon leurs goûts et construire leur propre itinéraire (à condition d'être bien nantis ou d'appartenir à la classe moyenne). Les grands magasins ont pris l'allure de « centres de loisirs » et ont changé de manière draconienne la nature des échanges commerciaux. Comme le rappelle Rudi Laermans, jusqu'au milieu du XIXe siècle, acheter signifiait se rendre au magasin ou au marché du quartier[24]. C'était l'occasion de rencontrer des amis, et on y trouvait un plaisir social qui n'avait aucun lien direct avec l'acte d'achat en soi. Tout a changé avec l'arrivée des grands magasins. « Les gens pouvaient désormais passer, regarder, rêver, parfois acheter, et le magasinage est devenu une nouvelle forme de loisirs pour la bourgeoisie, une manière de passer le temps de manière agréable, comme le fait d'aller au théâtre ou au musée[25] ».

Cette nouvelle combinaison de loisirs et d'activités traditionnelles de consommation longtemps considérées comme rationnelles et plutôt ordinaires a marqué une nouvelle étape dans l'histoire des centres urbains et des habitudes de consommation. On aurait pu appeler cela la « loisirisation » du magasinage. C'est dans ce contexte que le « magasinage-style de vie », comme l'a désigné Rob Shields, est devenu possible, et même un phénomène normal de la vie urbaine. Toutes les activités quotidiennes de magasinage sont maintenant mises au premier plan, « comme sur une scène de théâtre, pour être vues par les passants qui pourront participer par procuration aux activités mouvementées de consommation sans nécessairement dépenser un sou[26] ».

En fait, ces « sites de consommation centrés sur le style de vie » sont le théâtre de la vie quotidienne. Dans les centres commerciaux, les stades sportifs et les restaurants, entre autres, la consommation proprement dite doit désormais partager l'espace avec les loisirs. Dans ces endroits, l'attention s'éloigne des activités économiques rationnelles qui ont été la raison d'être des anciens sites de consommation et des premiers magasins. Ces sites font maintenant office de « scène où au moins une partie de la population profite de l'occasion pour adopter des comportements sociaux plus complexes, pour occuper plus de rôles, et même pour contester les raisons économiques et les règles d'usage du site[27] ». Dans les faits, ils sont les terrains les plus propices aux changements culturels et à l'expérimentation sociale.

Plus encore, les marchandises ont été transformées en un spectacle permanent, en une parade de biens matériels. « Le grand magasin était plus qu'un site pour la consommation, c'était une vue sur la consommation... La consommation y est devenue une aventure de la perception[28]. » En cela, l'arrivée du grand magasin est le symbole d'une des plus profondes transformations de l'histoire récente : le passage d'une société orientée vers la production à une société centrée sur la consommation. Les grands magasins, avec la publicité et la commercialisation, ont transformé les simples marchandises en de spectaculaires « signes de confort » ou « biens symboliques ».

Un élément clé du développement de la culture de consommation est donc sa stylisation croissante, à un point tel que la production, l'échange et l'utilisation des biens de consommation sont de plus en plus déterminés par leur aspect symbolique, au détriment de leur fonction[29]. En ce sens, le style de vie est de plus en plus devenu *le* mode de consommation par excellence.

Parce qu'ils adoptent un certain style de vie, on considère que les consommateurs apportent une attention ou une sensibilité plus raffinée au processus de consommation. Mode de consommation ou attitude envers la consommation, le terme « style de vie » renvoie à la manière dont les gens cherchent à afficher leur individualité et leur sens du style par le choix d'un type particulier de produits, comprenant des biens, des services et des expériences auxquels ils pourront ensuite ajouter leur touche personnelle. Cette activité est même considérée comme « un projet de vie essentiel pour l'individu », au point qu'il utilise activement des biens de consommation (vêtements, habitation, meubles, décoration intérieure, automobile, voyage, nourriture et boisson, ainsi que des biens culturels comme la musique, le cinéma et les arts) de manière à indiquer, par ses goûts et son sens du style, son appartenance à un groupe[30].

Ce qu'il y a de remarquable ici est que les modes de consommation des biens et services sont directement liés à leur utilisation comme « biens de positionnement ». Les différentes manières d'utiliser les biens de consommation, ainsi que la satisfaction qui en découle, dépendent et sont guidées par les choix des *autres* consommateurs. Vue sous cet angle, la consommation est une activité profondément *sociale* et non une affaire exclusivement privée. Les biens matériels ont donc d'abord une fonction de symbole, permettant de communiquer son identité personnelle, puis servent à satisfaire les besoins et les désirs. En ce sens, « les consommateurs se servent activement des biens matériels pour indiquer leur statut social et leur style culturel afin de définir leur position par rapport aux autres consommateurs[31] ».

En résumé, l'argument selon lequel beaucoup de gens, dans les grandes villes, se tournent vers les spectaculaires sites de consommation spécialisés pour donner un sens à leur vie semble être de poids. Car le mégacentre commercial, le centre-ville gentrifié, le complexe touristique situé au bord de l'eau, les boutiques spécialisées et les cafés Starbuck sont non seulement les espaces publics clés d'une ville qui aspire à un statut de niveau international, mais également les endroits dans lesquels les gens construisent leur identité personnelle et communautaire. Bien que chacun de ces sites de consommation spécialisée soit important, ils prennent une importance encore plus grande lorsqu'ils sont regroupés en un *ensemble*, formant ce que Sharon Zukin a appelé un « complexe spatial centré sur la consommation » [*consumption-biased spatial complex*][32].

Un problème persiste, toutefois, dans beaucoup de travaux qui mettent l'accent sur la quête de « sens » qui a lieu dans et grâce à ces complexes : ils négligent les liens entre ces complexes et la perpétuation des grands modèles d'inégalité et de domination sociales propres à la vie urbaine. En mettant trop l'accent sur la pluralité apparente de sens (ce qui relève d'une analyse « herméneutique » ou interprétative), les théoriciens perdent parfois de vue l'économie politique. Le processus de gentrification illustre bien l'importance des dynamiques de l'économie politique et, pour cette raison, mérite d'être abordé dans le détail si nous voulons comprendre les mécanismes de production et de consommation des espaces aménagés pour les loisirs dans les métropoles contemporaines.

La gentrification et la création des spectaculaires sites de consommation

Le phénomène de gentrification a été identifié dans un grand nombre de villes nord-américaines, européennes et australiennes au cours des 20 dernières années. Bien qu'il y ait un consensus parmi les géographes urbains et les critiques sociaux pour dire qu'il constitue un des facteurs déterminants de la restructuration des villes depuis les années 1970, personne ne s'entend exactement sur sa signification.

Au-delà des subtilités théoriques, deux explications s'affrontent pour rendre compte de la gentrification : la première met l'accent sur l'écart foncier, la seconde sur la production d'agents de gentrification.

La première explication penche pour une argumentation fondée sur l'offre et la demande. Elle met l'accent sur la production d'espaces urbains, sur le fonctionnement des marchés locatifs et immobiliers, et sur le rôle que jouent le capital et les agents sociaux, tels les promoteurs et les créanciers hypothécaires, sur la quantité de propriétés sujettes à la gentrification. Les concepts de « désinvestissement » et de « réinvestissement » sont essentiels à cette compréhension du phénomène de gentrification.

Neil Smith développe sa compréhension de la gentrification sur ce modèle, affirmant que les cycles de désinvestissement et de réinvestissement dans le secteur de l'immobilier déterminent la quantité de logements « gentrifiables » disponibles dans les quartiers déshérités[33]. Comme l'explique David Harvey dans *Social Justice and the City*, une suraccumulation de capitaux dans le « premier circuit », celui de la production, a provoqué un mouvement vers le « deuxième circuit », celui de l'immobilier, enclenchant le processus d'expansion des banlieues. Les capitaux servant désormais au développement des banlieues, les occasions d'investir dans les quartiers centraux déshérités diminuent. Dès lors, les immeubles tombent en ruine par manque d'entretien et finissent pas être abandonnés[34]. Cela provoque alors, au centre-ville, ce que Smith appelle « l'écart foncier », c'est-à-dire la différence entre les redevances foncières *capitalisées* dans les conditions d'utilisation actuelles de l'espace et les redevances foncières *potentielles* qui découleraient d'une utilisation plus rentable de ce même espace. C'est ainsi que « l'écart foncier crée les conditions économiques propices à la revalorisation des investissements visant la plus-value ou les profits et, par conséquent, mène à la gentrification[35] ».

Autrement dit, les promoteurs immobiliers qui cherchent un endroit rentable où investir leur argent se tourneront vers les immeubles abandonnés des quartiers centraux déshérités « lorsque l'écart foncier sera suffisamment grand[36] ». S'ensuit un processus de réinvestissement, les promoteurs tirant un avantage indéniable d'une telle situation au centre-ville. La gentrification est donc le résultat de « l'investissement des capitaux publics et privés dans certains types d'utilisation de l'espace, de la dévaluation provoquée par l'usage et le désinvestissement, et de l'opportunité d'un réinvestissement rentable ainsi créé[37] ».

ex : Varier comme centre d'investissement & West Village comme centre "gentrifié"

La seconde explication de la gentrification, fondée sur l'argument de la « consommation », met l'accent sur la production d'agents de gentrification et sur les orientations culturelles, les habitudes de consommation et les modes de reproduction qui y sont associés[38]. Elle isole un certain nombre de facteurs comme le changement de style de vie, les courants de préférences et les changements démographiques. Elle présuppose la « souveraineté du consommateur » sur le marché immobilier. Les changements urbains seraient donc l'expression des nouveaux choix de consommation, notamment parmi certains groupes de la classe moyenne supérieure et parmi les riches. Selon ce point de vue, la consommation garde une certaine primauté, faisant en sorte que la gentrification trouve sa justification dans le cadre plus large des changements sociaux, démographiques et culturels. Cette approche cherche avant tout à expliquer comment les gens qui considèrent la gentrification comme faisant partie de leur style de vie en viennent à exister en tant que groupe social prédominant du centre-ville.

Pour être plus précis, les théoriciens considèrent que les paysages associés à la gentrification sont la plus visible expression des changements de modèles de consommation urbains. Cela suggère que les nouvelles classes moyennes et supérieures urbaines construisent leur identité grâce à des habitudes de « consommation ostentatoire » bien précises. Inévitablement, la dimension symbolique de ces classes sociales s'exprime dans le paysage urbain par divers indices signifiant leur existence, leur arrivée et leur domination. Ces gens ont recours à la stratégie de la gentrification pour marquer leur différence à l'intérieur de leur propre contexte culturel, et pour se démarquer des autres. Comme le dit Beauregard, « Afin d'expliquer pourquoi ces professionnels et ces administrateurs [...] restent dans les limites de la ville tout en étant engagés dans la gentrification, nous devons nous éloigner de la sphère de la production et nous concentrer sur leurs activités de reproduction et de consommation[39]. »

De ce point de vue, la gentrification ne peut donc s'expliquer uniquement en termes de flux de capitaux, de désinvestissement et de réinvestissement. Bien que le processus de gentrification implique des flux de capitaux, il implique aussi les gens et leurs décisions. Ceci nous pousse à nous demander en quoi, mis à part leur proximité du lieu de travail, les résidences urbaines sont compatibles avec les activités de reproduction et de consommation de ce groupe de travailleurs. En bref, la gentrification, considérée ici du point de vue de la consommation, s'intéresse aux gens qui sont impliqués dans le processus, plus précisément à leurs préférences économiques, démographiques et culturelles. Une compréhension de la production des « agents de gentrification » et de leurs caractéristiques sociales et culturelles s'avère donc essentielle pour parvenir à une compréhension complète de la gentrification et de son impact à la fois sur le milieu physique et sur la culture populaire de la ville.

Pour cela, nous avons besoin d'une définition efficace de la gentrification, que nous fournit Chris Hamnett :

> [Il s'agit d'] un phénomène à la fois physique, économique, social et culturel. La gentrification implique habituellement l'invasion, par des groupes de la classe moyenne ou privilégiée, de quartiers jusque-là occupés par la classe ouvrière ou de secteurs mixtes occupés par une variété de gens, et dont on remplace ou déplace plusieurs des occupants d'origine. Cela implique la rénovation physique ou la réhabilitation de ce qui était souvent un ensemble de logements très détériorés, ainsi que leur amélioration pour répondre aux exigences des nouveaux propriétaires. Au cours de ce processus, le prix des loyers subit une hausse considérable, qui affecte autant les logements rénovés que ceux qui ne le sont pas. Un tel processus de transition dans un quartier implique souvent une transformation du mode d'occupation, diminuant la proportion de locataires en faveur d'une plus grande proportion de propriétaires occupants[40].

Selon Neil Smith, il est important de comprendre que la gentrification « ne provoque pas seulement un changement d'ordre social, mais aussi, à l'échelle du quartier, un changement d'ordre physique pour les logements, et d'ordre économique pour les marchés locatifs et immobiliers[41] ». Pour Smith, c'est précisément cette combinaison de changements sociaux, physiques et économiques qui permet d'identifier le processus de gentrification.

Ce qui ressort de ces deux interprétations du concept est que la gentrification implique à la fois un changement dans la composition sociale d'un secteur et de ses résidants, et un changement dans la nature des logements qui s'y trouvent (mode d'occupation, prix et état). Ces renseignements, fort utiles, le sont davantage encore lorsque nous les situons dans la perspective plus large de l'ensemble des changements spatiaux et de tout ce qu'ils peuvent signifier. Une analyse adéquate de la gentrification doit couvrir non seulement la question du logement et de la place qu'occupent les résidants dans le processus, mais aussi celle de la profonde réorganisation de l'espace qui accompagne la gentrification, particulièrement en plein centre-ville, et de l'interprétation culturelle que les gens font de ces changements. Pour développer un concept plus global de la gentrification, dans le contexte plus large du style de vie et de l'organisation des espaces de consommation dans les villes, il apparaît en effet nécessaire d'accorder leur juste place aux dynamiques culturelles de réorganisation spatiale qui accompagnent le processus de gentrification.

David Ley, qui met l'accent sur l'aspect culturel de ces changements, soutient que la gentrification est le propre des « villes post-industrielles[42] ». S'inspirant des thèses sur la « société post-industrielle » de Daniel Bell[43], Ley explique que l'industrie manufacturière ne domine plus l'espace des villes industrielles. Avec le déclin de la production industrielle et des emplois liés à ce secteur d'activités, et la croissance rapide du secteur des services, ce sont les facteurs de consommation, le goût et une certaine esthétique visuelle qui dominent maintenant le paysage urbain.

La consommation culturelle et la poursuite d'un style de vie ont effectivement remplacé la production comme premier mode d'appropriation de l'espace de nombreuses grandes villes contemporaines. Sur ce point, Ley écrit que le centre-ville « est devenu le point de mire symbolique de la métropole grâce à des interventions publiques importantes sur les marchés pour mettre en place une image de développement civique et culturel du centre-ville, et à des investissements privés dans le secteur hôtelier et les tours de bureaux. Cela a pour effet que dans plusieurs métropoles, le centre-ville s'éloigne de plus en plus de l'image austère des sombres ateliers industriels et cherche plutôt à produire l'image d'une certaine *élégance post-industrielle*[44]. »

Mais cet argument ne prend toute sa force que s'il est soutenu par une compréhension des changements politico-économiques. Le problème avec les arguments basés sur la thèse « post-industrialiste » est qu'ils ne tiennent généralement pas suffisamment compte des analyses du capitalisme comme mode de production. En ce sens, les explications de Ley sont utiles si nous les complétons par les arguments volontairement politico-économiques de Neil Smith ou David Harvey. Car il faut comprendre que ces changements ne sont pas que « post-industriels », mais correspondent plutôt à des changements d'ordre général dans l'organisation sociale du capitalisme lui-même. La gentrification est liée à des changements dans le monde du travail et à l'appropriation sans cesse croissante de la «culture» dans le domaine des échanges commerciaux capitalistes. D'où la conversion d'immeubles et d'usines de l'ancienne période industrielle en sites de production et de consommation culturelles.

Nous devons donc considérer la gentrification comme un ensemble de processus et d'expériences socioculturels et politico-économiques. Puisqu'elle est un ensemble de pratiques qui réorganisent l'espace en termes d'activités de consommation, pratiques qui rendent manifestes les liens entre la culture et l'économie, nous arriverons à une meilleure compréhension de ce qu'est la gentrification si nous l'abordons comme manifestation spatiale représentative de la profonde transformation sociale de la vie urbaine à l'époque de la «mobilité du capital».

Avec la gentrification, les modèles de consommation sont reconfigurés, tout comme les relations sociales des gens qui habitent les secteurs touchés ou qui ne font que les visiter. Ces changements dans le paysage urbain sont influencés par les forces économiques, sociales et politiques globales, responsables d'une transformation plus large des sociétés capitalistes depuis trois décennies. Nick Whiteford et Richard Gruneau résument plusieurs de ces changements en analysant les forces et les lacunes des théories du «post-fordisme» :

> Tirant avantage des pratiques de contrôle de gestion rendues possibles par les nouvelles technologies de la communication, de l'informatique et de la robotique, beaucoup de compagnies ne font pas qu'automatiser plus intensément leurs activités; elles se tournent vers une organisation décentralisée du travail... [Ceci inclut] la production «de dernière minute» et «en quantité limitée», et le transfert en sous-traitance de plusieurs fonctions auparavant exécutées en interne. L'exigence d'avoir un produit standardisé est remplacée par une emphase sur la segmentation du marché, la commercialisation et l'emballage. La déréglementation et la privatisation de l'État providence ouvrent la porte à de nouveaux marchés et éliminent les restrictions imposées à cette toute nouvelle flexibilité des entreprises. Les capitaux sont de plus en plus mobiles et nomades, tirant avantage des différences géographiques selon les opportunités d'affaires sur différents marchés et le coût de la main-d'œuvre à l'échelle internationale. On assiste

aussi à une recomposition draconienne de la main-d'œuvre au fur et à mesure que le prolétariat industriel est remplacé par différents types de «travailleurs spécialisés»[45].

Dans ce contexte, les zones gentrifiées des grandes villes ont un rôle à jouer pour attirer les nouveaux travailleurs du monde de l'information et de la culture. La gentrification des vieux quais industriels et des quartiers manufacturiers ouvre par ailleurs la porte à de nouvelles formes de production culturelle et de commerce spécialisé, y compris souvent la transformation de «l'héritage architectural» en produit de consommation et de commercialisation. Le quartier Yaletown de Vancouver illustre bien ces diverses tendances.

Yaletown couvre huit pâtés de maisons situés entre le centre-ville sud de Vancouver et le terrain de l'ancienne Expo 86 sur le delta de False Creek. Il y a plus d'un siècle, Yaletown est devenu un important parc ferroviaire, doté de nombreux bâtiments d'entreposage après que la Canadian Pacific Railway eut décidé, en 1887, de déménager à Vancouver son centre d'entretien jusque-là situé dans la municipalité de Yale, dans le canyon de la rivière Fraser. En 1918, le secteur était devenu un quartier ouvrier difficile, constitué de maisons à charpente de bois et de bâtiments industriels en briques[46]. Rien n'y a vraiment changé pendant plusieurs décennies. Jusqu'à la fin des années 1980, aucun nouvel immeuble n'y avait été construit depuis 1949. Il n'y avait eu aucun changement réel dans l'utilisation du terrain, ni aucune transition significative d'un quartier industriel vers un quartier à vocation plus résidentielle[47]. Yaletown était depuis des années «un secteur oublié de notre héritage, inhabité, une ville fantôme avec des entrepôts qui avaient besoin de rénovations radicales, et de beaucoup d'autres choses encore[48]».

Tout cela a changé au début des années 1980 quand la Concord Pacific, une compagnie appartenant à Li Ka-shing, un magnat de l'immobilier originaire de Hong-Kong, a acheté puis développé la côte nord du delta de False Creek. En grande partie, ce mégaprojet consistait en la construction de luxueux et vastes condominiums, de commerces haut de gamme et d'immeubles de bureaux. L'ampleur du projet de la Concord Pacific Place a attiré d'autres promoteurs dans un secteur jusque-là sous-développé, témoignant de son vaste potentiel économique. «Chaque année ou presque, un nouveau secteur sort de l'ombre», faisait remarquer un promoteur dont la compagnie avait injecté près de 12 millions de dollars dans le secteur. « En 1986-1987, nous venions de terminer quelques projets résidentiels dans l'ouest de la ville et étions à la recherche de nouveaux projets. Les terrains dans Yaletown n'étaient pas chers à l'époque et nous y avons vu une opportunité. Avec tous les développements qui avaient lieu dans les environs, nous pensions que nous ne pouvions pas nous tromper. Nous avons pris le risque et ça a été payant[49]. »

Dans les nouveaux plans d'aménagement de Yaletown, considéré comme un secteur ayant du « caractère » selon les critères des services d'urbanisme de la ville et bénéficiant aussi, quoique sans grande conviction, de la catégorisation « héritage », les développeurs se sont efforcés de préserver et de réutiliser les immeubles originaux en les rénovant et en les restaurant. Du point de vue architectural, la mention « héritage » caractérise le style des réaménagements qui ont été apportés. On a converti un quartier d'entrepôts vieux de 90 ans en lofts huppés de style new-yorkais, en boutiques de vêtements à la mode, en magasins de meubles fabriqués sur commande ou importés, en salons de coiffure et en magasins spécialisés.

Tout cela s'adresse évidemment aux touristes et aux résidants bien nantis de Vancouver, à ceux qui flânent dans le quartier pour magasiner, goûter à la fine cuisine, ou profiter de la vie nocturne des brasseries et bistrots du secteur. Un article publié dans le journal *Canadian Architect* approuve d'ailleurs chaleureusement toute cette activité, considérant comme réussie cette transformation d'un ancien quartier industriel en un quartier parfaitement convivial et branché[50]. L'article compare avec jubilation Yaletown à SoHo, le quartier new-yorkais du magasinage haut de gamme, des lofts et des galeries d'art qui n'était, au XIXe siècle, qu'un quartier d'usines et d'entrepôts[51]. « Une nouvelle communauté est en train de naître et il n'y a aucun doute à avoir sur la vitalité du centre-ville de Vancouver comparé à la plupart des autres grandes villes canadiennes. Avec ses artistes et dessinateurs de mode, ses studios artistiques, ses magnats du jeu et ses restaurateurs, Yaletown est le quartier de Vancouver qui se rapproche le plus de SoHo à Manhattan, en terme de potentiel dynamique. » Un urbaniste de la ville de Vancouver renchérit : « Vous savez, Yaletown donne de l'espoir pour Vancouver[52]. »

Tout comme à New York, la gentrification de Yaletown illustre clairement comment le magasinage, la pratique d'un style de vie centré sur la consommation ainsi que la restauration architecturale créent des espaces cohérents de consommation. Cette production d'espaces gentrifiés n'est par ailleurs pas complètement innocente. En effet, comme le souligne Zukin : « Plus l'ensemble est cohérent, plus la gentrification acquiert un poids politique significatif » — un poids qui rend légitime l'appropriation du centre-ville par un nombre grandissant d'utilisateurs de la classe moyenne supérieure[53]. Plusieurs pratiques culturelles typiques de la gentrification sont liées à une réorganisation de la consommation qui écarte toute participation active des personnes à faible revenu et des résidants qui habitaient le secteur bien avant qu'il ne soit gentrifié.

En effet, une des caractéristiques importantes de la gentrification est l'inévitable déplacement des résidants à faible revenu de ces endroits soudainement recherchés, situés au centre-ville et le long des quais, pour la simple et bonne raison qu'ils n'ont plus les moyens financiers d'y vivre. Les prix exorbitants des biens et services destinés à combler les désirs et les besoins des nouveaux venus sont tout aussi efficaces que la flambée des prix des loyers et la baisse du taux d'inoccupation pour forcer les résidants à faible revenu à quitter le secteur. Lorsqu'un acheteur potentiel demande à la représentante d'une importante agence immobilière de Vancouver comment peuvent cohabiter « les cuisines de marbre et les bars de danseuses », faisant ainsi allusion au contraste des classes sociales en présence dans le secteur, celle-ci se fait rassurante et affirme qu'à l'heure même où ils se parlent, l'ancien quartier ouvrier est en train de changer. « À elle seule, l'augmentation du compte de taxes force beaucoup de vieux commerces à fermer leurs portes et à chercher un autre endroit où faire des affaires[54] », assure-t-elle.

L'ensemble Yaletown-False Creek

En tant que processus de profonde restructuration spatiale et sociale, nous pouvons dire que la gentrification est un effort d'appropriation du cœur d'un centre-ville par et pour les nouveaux travailleurs de l'information et les clients des classes privilégiées. Pour ceux que nous avons appelés les « agents de gentrification » — les boosters, les promoteurs, les élites politiques et entrepreneuriales, les riches professionnels, jeunes ou moins jeunes —, le cœur du centre-ville est le meilleur des mondes possibles.

Comme le décrit Neil Smith, le centre-ville est une zone à conquérir qui doit être débarrassée non seulement de ses usages obsolètes, comme l'industrie manufacturière désormais considérée comme « dépassée », mais aussi de sa population ouvrière, de ses logements à prix modiques et de ses petites entreprises familiales. Tant les entreprises publiques que privées prétendent qu'elles ne font que récupérer des secteurs déjà presque abandonnés, victimes du déclin et de l'appauvrissement. Mais il est difficile de ne pas faire de rapprochement entre ces entrepreneurs qui ravagent une zone de développement urbain au potentiel économique élevé et ceux qui ont fait la conquête de l'Ouest : les agents de gentrification débarquent au centre-ville, évacuent le vieux secteur manufacturier et en chassent les « natifs ». Dans le langage des milieux impliqués dans le processus de gentrification, « l'appel à l'imagerie de la conquête de l'Ouest est tout à fait juste : les pionniers urbains, les colons urbains et les cow-boys urbains sont les nouveaux héros populaires de la conquête urbaine[55] ».

Le réaménagement urbain engendré par la gentrification représente une expansion physique du centre-ville, souvent au détriment des quartiers déshérités, de leurs immeubles et de leur tissu social. « Sans soucis pour la topographie, les immeubles ou même les populations, la gentrification persiste dans son effort collectif de s'approprier le centre[-ville] pour y imposer les marques d'une nouvelle classe moyenne urbaine[56]. » De manière plus subtile, la gentrification diffuse le pouvoir culturel du centre-ville au-delà de son centre géographique. En fait, le résultat de son expansion est un environnement soigneusement élaboré, qui exprime sa transformation sociale en accueillant une culture commerciale internationale haut de gamme.

Le delta de False Creek de Vancouver possède cette saveur internationale soigneusement fabriquée. Il illustre bien comment divers espaces publics spectaculaires peuvent être mobilisés pour former un complexe centré sur la consommation qui soit cohérent. Le delta de False Creek, avec les installations de Granville Island, du Science World, de la Concord Pacific Place et les condominiums du City Gate, les arénas General Motors Place et B.C. Place, est le parfait exemple d'un tel espace, auquel s'ajoute une saveur internationale. Et parce qu'il regroupe plusieurs lieux spectaculaires, son caractère esthétique est primordial. Un paysage sensuel y a été construit afin de maximiser les vues sur l'océan, la marina, la silhouette du centre-ville et les montagnes rocheuses environnantes. Dans tout cela, le

Molson Indy de Vancouver, événement prestigieux d'envergure internationale, occupe évidemment une place vitale. Du point de vue esthétique, le delta de False Creek présente un paysage « trop beau pour être vrai », « que l'on voit seulement dans les films[57] ». Par ailleurs, le développement autour du delta de False Creek a créé, depuis la fin des années 1980, ce qu'Alan Fotheringham appelle la « zone culturelle » de Vancouver[58]. Selon lui, si Calgary et Toronto ont été par le passé des villes envahies par les chantiers de construction, c'est aujourd'hui le tour de Vancouver. « Fuyant les tours de la finance et le désertique Granville Mall, le cœur de la ville se rapproche de l'océan, qui a toujours été son plus bel atout. Alors que les magasins huppés se sont déplacés vers le nord près de la marina, les grues se sont déplacées plus à l'est vers la mer intérieure qu'est le delta de False Creek. Il y a quelques décennies seulement, le site abondait en fonderies et en scieries sordides. C'est maintenant le lieu des condos, l'endroit le plus branché en ville. » Les stades couverts B.C. Place et General Motors Place sont situés au nord du delta à côté d'un mégaprojet de développement qui a demandé des milliards de dollars, la Concord Pacific Place. Science World est installé sur la côte est, à côté du Citygate et du développement de condominiums International Village. Au sud se trouve Granville Island, avec ses cinémas, ses restaurants et son gigantesque marché, ainsi que le quartier résidentiel, situé sur les pentes de Fairview. Tout autour du delta de False Creek s'étalent les marinas remplies de voiliers et de yachts estimés à des millions de dollars. Toute la silhouette de la ville est dominée au nord par la chaîne de montagnes[59].

Pris dans son ensemble, c'est le paysage parfait où pratiquer le style de vie propre à une ville internationale, avec ses résidants et ses touristes riches. C'est autour du paysage spectaculaire de cette zone culturelle que se sont fabriqués les discours promotionnels, et que Vancouver s'est fabriqué l'image d'une ville de calibre international.

Partie intégrante de l'ensemble Yaletown/False Creek, le Molson Indy occupait une place de choix dans cette image de ville dynamique. La menace de retirer l'événement de cet ensemble a par conséquent provoqué une crise chez les organisateurs et les agents de développement. C'est précisément cette crise qui a fait naître l'idée d'un nouvel ensemble urbain situé plus à l'est, dans le parc Hastings. Un spectaculaire complexe centré sur la consommation, du genre de celui que le Molson Indy avait contribué à créer dans le delta de False Creek — et considéré comme essentiel à sa survie —, aurait été imposé au parc Hastings. Cela donne une idée de ce à quoi les résidants du quartier s'opposaient, de la menace qui pesait sur le nouveau projet de réaménagement de leur parc, où l'on avait prévu des espaces verts enfin libérés, pour la première fois en un siècle, de toutes les grandes activités commerciales. Si Molstar avait réussi à déménager sa course au parc Hastings, cela aurait complètement fait échouer les projets de restauration du parc. Cela aurait transporté le modèle d'appropriation de l'espace de la Formule Indy dans le secteur nouvellement restauré de ce parc, créant ainsi un espace qui n'aurait rien eu à voir avec l'espace vert public que les projets de restauration prévoyaient. Les conséquences en auraient été désastreuses. Si les forces du MIV avaient réussi à déménager la course dans le parc, le « nouveau » parc Hastings aurait essentiellement été le même que l'ancien, soit un environnement rempli d'infrastructures destinées à accueillir une intense activité de divertissement commercial.

CHAPITRE II
Des visions qui s'opposent

LAISSONS MAINTENANT la théorie de côté pour nous concentrer sur la crise provoquée par la proposition, qui a été faite au printemps 1997, de déménager le Molson Indy de Vancouver (MIV) au parc Hastings. Ce chapitre fait le nécessaire compte rendu historique du développement du parc au cours du dernier siècle. Mon but est de dresser un portrait de l'évolution des pratiques de consommation au parc Hastings. Et comme nous le verrons, la transition a été radicale : d'un paysage encombré de bâtiments, complètement dominé par une intense programmation d'activités de spectacles et de divertissement, le parc est aujourd'hui voué à des habitudes de fréquentation dites plus passives. En mettant en valeur un magnifique paysage naturel, le nouvel aménagement se montre plus propice à des activités récréatives et des loisirs plus modérés. Je démontre comment ce changement de cap a été rendu possible grâce à la détermination et à l'engagement des membres de la communauté locale et des militants en faveur de la restauration du parc — grâce à ce que nous pouvons appeler une initiative citoyenne.

La commercialisation du parc Hastings [1]
Le capitalisme industriel canadien s'est développé de manière très dynamique à la fin du XIXe et au début du XXe siècles. Malgré un cer-

tain nombre de récessions, la poussée démographique et l'expansion industrielle ont eu pour effet combiné d'augmenter les revenus disponibles et de créer, au sein de la classe sans cesse croissante des travailleurs urbains, une plus grande demande en consommation et en divertissements. Cette demande résultait également de la lutte menée par les travailleurs pour réduire la semaine de travail de 60 heures et obtenir ainsi plus de temps libre. Car s'ils pouvaient désormais passer plus de temps en famille ou s'engager dans des activités communautaires, les travailleurs pouvaient également choisir de consacrer ces nouveaux moments de liberté à des activités récréatives de nature plus commerciale. Comme le disent Gruneau et Whitson, « l'arrivée des fins de semaine régulières passées ailleurs qu'au travail a aidé à créer, à la fin du XIXᵉ siècle, un bassin de spectateurs suffisamment grand pour assurer la rentabilité de ces divertissements[2] ».

Sur ce point, l'historien du sport Alan Metcalfe soutient que pendant les années qui ont précédé la Confédération, l'espace urbain était facilement accessible pour la pratique de sports ou de loisirs variés grâce aux terrains vacants que l'on trouvait dans toutes les villes. Il n'y avait alors aucun besoin pressant d'installations spécialisées pour faciliter la pratique de ces activités[3]. C'est l'élite de la ville qui, la première, a fait construire des installations athlétiques pour son usage personnel, installations qui sont rapidement devenues le lieu de rassemblement des plus fortunés. Cette situation est demeurée inchangée jusque dans les années 1870 alors que « la croissance rapide de la ville exerçait plus de pression sur l'espace [disponible], et [que] les clubs [athlétiques] faisaient face à une hausse des coûts, des taxes, et une montée en flèche du prix des terrains[4] ». Ces nouvelles obligations ont à l'époque forcé certains clubs à abandonner leurs terrains aux mains de promoteurs, tandis que d'autres ont cherché des moyens de commercialiser leurs clubs afin de générer suffisamment de profits pour compenser la hausse des coûts. Autrement dit, le dernier groupe a su reconnaître l'énorme potentiel financier que représentait le fait de fournir à la population des installations pour les loisirs et les activités récréatives[5].

Malheureusement, les travailleurs se sont retrouvés encore plus exclus des activités et des équipements de loisirs. Ils ont alors réagi en exerçant davantage de pression sur les autorités municipales pour que des équipements et des espaces publics soient mis en place afin que la majorité des résidants de la ville ait accès à des activités récréatives. Ceux qui ne disposaient pas de moyens financiers leur permettant de devenir membres des clubs de loisirs et des installations réservés à l'élite en ont tout simplement exigé l'accès, arguant du fait qu'ils avaient eux aussi le droit de profiter des avantages des «grands projets de la modernité industrielle». L'accessibilité aux activités récréatives et aux loisirs était alors considérée comme souhaitable, car on estimait que cela permettrait aux travailleurs de mener une vie plus remplie, et que leur participation à des loisirs et des activités sportives renforcerait leur sentiment d'appartenance à la communauté[6].

Les parcs urbains ont joué un rôle essentiel dans tout cela, comme le prouve le mouvement pour les parcs publics qui a balayé l'Angleterre, les États-Unis et le Canada durant la dernière moitié du XIXe siècle. Rappelons brièvement que ce mouvement s'inspirait d'idées bien arrêtées quant au rôle des parcs urbains et à leur aménagement idéal. Ses adeptes estimaient que des espaces verts devaient être réservés à l'usage public pour compenser la congestion de la ville. Selon Robert McDonald, le mouvement pour les parcs publics était principalement dirigé par des réformateurs de la classe moyenne qui souhaitaient voir des îlots de «nature» pousser au milieu des développements industriels urbains. Le mouvement a trouvé sa pleine expression au milieu du XIXe siècle avec la construction du parc Victoria à Londres en 1845, du parc Birkenhead à Liverpool en 1847 et du Central Park à New York en 1858[7]. La principale idée sous-jacente à ces réalisations était que les parcs urbains devaient servir «d'espaces où les citoyens pourraient se promener, circuler en voiture ou s'asseoir pour apprécier le plein air» et le beau paysage[8]. Les parcs urbains devaient servir à des activités modérées plutôt qu'à des activités récréatives et des loisirs intenses; ils devaient être des espaces sains et tranquilles, isolés de la poussière, du bruit, de la brique et du béton de la ville.

C'est dans ce contexte que le parc Hastings a été créé en 1889 quand la province de la Colombie-Britannique a cédé à la ville de Vancouver, sous forme de société de fiducie, un terrain de 65 hectares situé à l'est de la ville. Celui-ci devait servir de lieu récréatif public. Selon les termes mêmes de la société, il devait être «entretenu et conservé» par la ville afin de servir «à l'usage, au loisir et au plaisir du public». Dès le départ, le parc Hastings devait être «une station permanente pour les amoureux des boisés romantiques et des ravissants bosquets », comme le disait David Oppenheimer, alors maire de Vancouver[9]. Mais dans les années 1960, le parc avait perdu sa vocation initiale d'espace vert. L'environnement naturel avait été remplacé par un environnement bâti au développement tentaculaire dominé par les gros immeubles, les manèges et les terrains de stationnement.

Comment cela est-il arrivé ? Que s'est-il passé pour que le parc Hastings, quelque temps à peine après son inauguration, se transforme en un spectaculaire complexe d'amusement, et ce malgré les clauses prévues par la société de fiducie, stipulant que ce parc devait être un espace vert susceptible d'accueillir des loisirs plutôt passifs ? Pour répondre à ces questions, il faut savoir que les premières décennies du xxe siècle, au moment même où la commercialisation du parc Hastings a commencé, ont été des années critiques dans la lutte pour l'espace et le développement urbains. Les forces industrielles, les défenseurs de l'environnement et les groupes de travailleurs étaient en profond désaccord. Ces groupes avaient des visions bien arrêtées et souvent opposées sur la manière la plus « rationnelle » d'utiliser les parcs urbains et d'en profiter en tant qu'espaces récréatifs.

Robert McDonald fait la lumière sur cette situation dans son étude de l'aménagement du parc Stanley, l'espace vert le plus important de Vancouver[10]. Créé deux ans avant le parc Hastings, en 1887, ce parc de 388 hectares a été cédé à la ville de Vancouver par le gouvernement fédéral pour servir d'espace public récréatif. N'ayant subi qu'un nombre limité de transformations, ce parc, presque entièrement couvert de forêt primitive, a pu conserver son caractère sauvage, tout en étant rendu accessible au grand public. À l'époque, toutefois, comme l'explique McDonald, les attitudes du public envers les parcs et les activités récréatives étaient variées. Parce que l'utilisation des équipements de loisir déjà en place allait en augmentant, de nombreux résidants de Vancouver souhaitaient un parc qui « réponde plus adéquatement à leurs besoins de plus en plus variés en matière de loisirs[11] ». Des visions contradictoires sur la meilleure façon d'utiliser cet important espace récréatif ont ainsi commencé à apparaître en 1910 et se sont cristallisées en un débat sur l'avenir du parc qui a duré quatre ans.

De nouvelles idées touchant au caractère et au rôle des parcs urbains se heurtaient aux opinions traditionnelles. McDonald identifie trois groupes sociaux bien distincts dans ce conflit. À une extrémité, un groupe d'élites prêchait pour la forme de parc traditionnel la plus pure, s'inspirant de principes romantiques prônant le respect de l'environnement naturel d'origine. À l'autre extrémité, les groupes de travailleurs exigeaient « un espace de jeu totalement utilitaire et pratique ». Au centre, enfin, la Commission des parcs de Vancouver représentait les différents courants de pensée de la classe moyenne : « le respect des principes traditionnels, l'intérêt pour l'embellissement, et un désir d'incorporer quelques-unes des dernières notions réformatrices sur la valeur des activités athlétiques pour les adultes et du jeu encadré pour les enfants[12] ». McDonald insiste sur le fait que ces différentes attitudes s'expliquent par les divergences culturelles, économiques et sociales des groupes en présence.

D'une certaine façon, le parc Stanley a servi « d'unificateur social » puisqu'en attirant un grand nombre de résidants de tous les niveaux de la société, il réunissait en une seule communauté de loisirs des groupes socioéconomiques disparates. Mais comme le démontre clairement cette controverse qui a commencé avant la Première Guerre mondiale, « sous le couvert d'un consensus apparent se cache un modèle persistant de division des classes ». En effet, lorsque nous analysons la situation dans le détail, nous constatons que le parc avait été créé sur la base des valeurs esthétiques et récréatives de la classe moyenne victorienne. Et c'est dans cet esprit qu'un petit groupe de la classe privilégiée de Vancouver, facilement identifiable par son influence sociale et sa longue association avec le parc Stanley, continuait de s'accrocher vigoureusement à une vision romantique du parc. Ils étaient l'élite qui se portait à la défense de la forêt sauvage et s'opposait vigoureusement à toute altération de son état naturel, surtout à la présence d'éléments aussi incompatibles que l'industrie du tabac, les activités récréatives commerciales et les bruyants stades sportifs. À leurs yeux, le parc Stanley devait être laissé à son état naturel.

Les réformateurs de la classe moyenne étaient généralement d'accord avec cette perspective. Le mouvement « Une belle ville » (*City Beautiful),* populaire partout en Amérique du Nord au début du xxe siècle, a exercé une grande influence sur ces réformateurs et sur leur vision de l'utilisation des espaces verts publics. Dans l'ensemble, ce mouvement mettait l'accent sur le besoin d'améliorer les qualités esthétiques de la ville, par exemple en éliminant certains éléments désagréables à l'œil, tels que les panneaux d'affichage et les cheminées industrielles, en aménageant de grands jardins et des espaces verts, et en construisant d'impressionnants ensembles architecturaux. Le but était de rendre les résidants plus fiers de leur ville, et de varier le paysage urbain en le transformant quelque peu. Comme le fait remarquer McDonald, en mettant l'accent sur « l'amélioration » et « l'ornement » des espaces verts publics, « la pensée du mouvement *City Beautiful* a influencé les perceptions populaires des espaces récréatifs en remettant en question l'intégrité conceptuelle et le caractère naturel des parcs [purement] romantiques [13] ».

Les travailleurs avaient quant à eux leur propre vision de la manière dont les espaces récréatifs de Vancouver devaient être gérés ; une vision qui, sur bien des points, était totalement opposée à celle de la classe privilégiée et des réformateurs de la classe moyenne. McDonald attire notre attention sur le fait que la vision des parcs et des activités récréatives défendue par les travailleurs témoigne de leurs ressources matérielles et de leurs temps libres limités, ainsi que de leur héritage culturel. Les longues heures qu'ils passaient au travail et leurs modestes ressources financières ne pouvaient faire autrement que de créer chez eux le désir d'accéder à des espaces récréatifs locaux et abordables. Pour ces raisons, les travailleurs demandaient que le parc Stanley soit reconnu pour son *utilité* et non pour sa beauté, c'est-à-dire qu'il compte davantage d'éléments divertissants, d'espaces récréatifs *pratiques*. Dans ce contexte, les travailleurs plaidaient en faveur de parcs urbains facilement accessibles, gratuits, et capables d'accueillir des jeux actifs et des spectacles de divertissement. Par exemple, les travailleurs contestaient le monopole exercé par l'Association athlétique de Brockton Point (*Brockton Point Athletic Association*) sur le seul terrain sportif du parc Stanley, situé à Brockton Point. Les frais d'utilisation exigés par cette association rendaient le terrain inaccessible à l'ensemble des travailleurs salariés.

Toujours pour des raisons d'accessibilité, les travailleurs demandaient qu'un tramway soit construit dans le parc. « Les classes sociales de Vancouver se mélangeaient peut-être à l'entrée du parc », souligne McDonald, « mais elles n'avaient pas toutes le même accès à l'ensemble de la forêt intérieure [14]. » Les disparités entre les revenus moyens des familles, combinées à la politique de la Commission des parcs qui permettait aux véhicules privés et aux calèches, mais pas aux transports publics peu coûteux, de circuler dans le parc Stanley, ont eu pour effet de créer des modes d'utilisation du parc très différents. Seuls ceux qui étaient suffisamment riches pour se payer le luxe d'un véhicule privé ou d'une calèche pouvaient jouir d'un accès aux endroits les plus reculés du parc, tandis que les cols blancs et bleus qui arrivaient en tramway avec leur famille s'aventuraient rarement au-delà des entrées principales.

Pour résoudre ce conflit, la Commission des parcs de Vancouver a choisi la voie du juste milieu. Contrairement au parc Hastings de l'est de la ville, autrefois pittoresque mais rapidement devenu un centre de divertissement commercial majeur au tournant du siècle, le parc Stanley était « trop ancré dans l'imagination populaire et trop important pour l'industrie touristique locale pour être transformé de manière significative en un centre récréatif utilitaire multifonctionnel », comme l'auraient souhaité les travailleurs[15]. Cependant la Commission des parcs était d'accord avec eux sur un point : construire et entretenir de beaux parcs était désormais insuffisant. Ainsi donc, en 1913, une série de mesures ont été adoptées, prévoyant l'ajout d'un certain nombre d'équipements de loisir modestes, comme des terrains de tennis, de boules, des jeux et des terrains de jeux pour les enfants.

Toutefois, selon les règles établies par le Service, les entreprises commerciales demeuraient *interdites* dans le parc : cela concernait aussi bien les spectacles d'amusement que les tramways électriques. Pour McDonald, le résultat de ces transformations était un compromis qui reflétait les attitudes de la *classe moyenne*, de sorte que dans les années 1920, « un parc Stanley transformé combinait "quelque chose de la nature majestueuse et de la magie de la forêt primitive" avec les avantages récréatifs modernes[16] ».

En un sens, ce que les travailleurs semblaient avoir perdu au parc Stanley, ils l'avaient obtenu au parc Hastings. Si leur désir d'obtenir un parc d'attractions du genre de Coney Island ne s'est pas concrétisé à la fin du conflit sur les premiers aménagements du parc Stanley, c'est rapidement devenu un fait accompli dans le cas du parc Hastings. Là, les travailleurs ont obtenu leur divertissement commercial sous la forme d'un « parc pour le peuple » offrant des activités récréatives commerciales abordables. Ces activités récréatives et le parc lui-même, ont par ailleurs joué un rôle dans la promotion du capitalisme industriel et de sa culture de consommation grâce aux énormes foires agricoles, aux salons, aux événements sportifs et aux divertissements qu'on y trouvait. Lorsqu'il a atteint son état de commercialisation maximale, le type de développement du parc Hastings présentait un contraste frappant avec celui du parc Stanley.

Sa commercialisation a débuté en 1892, quand le conseil municipal de Vancouver a autorisé la location de six hectares de terrain pour la construction d'un hippodrome nommé *Racetrack*. Ensuite, en 1907, la ville a loué le site à l'Association de l'exposition de Vancouver (*Vancouver Exhibition Association*, VEA). La VEA allait alors devenir responsable de l'administration et de l'exploitation du site, en y présentant chaque année sa propre foire et beaucoup d'autres grands événements de divertissement commercial, les plus importants étant la course de chevaux, certains sports professionnels, des concerts, un parc d'attractions, des foires commerciales et autres salons publics.

En 1908, le conseil municipal a loué à la VEA 24 hectares additionnels de terrain dans la partie nord-ouest du parc qui accueillait l'hippodrome. Deux ans plus tard, le bail s'étendait à tout le parc Hastings. Grâce à cet amendement au bail de location, la première exposition agro-industrielle de Vancouver a eu lieu en 1910. Inaugurée le 16 août 1910 par le premier ministre Wilfrid Laurier, elle a accueilli quelque 68 000 visiteurs au cours des six jours qu'a duré sa première édition[17]. Une publicité parue dans les journaux de l'époque annonçait que l'exposition présenterait des spectacles de chevaux, de chiens et de poneys, toute une variété de kiosques industriels et agricoles, des spectacles gratuits de music-hall et d'orchestres, des combats de lutte et des charmeurs de serpents[18].

Au cours des cinq décennies suivantes, le parc Hastings a connu une explosion de constructions et autres activités de développement. Il est intéressant de noter que le premier immeuble important construit pour l'exposition de 1910 avait pour nom la Salle industrielle (*Industrial Hall*, ensuite renommé *Women's Building* ou Pavillon des femmes). Peu après, l'hippodrome s'agrandissait d'une nouvelle tribune, et des montagnes russes venaient s'ajouter aux champs de foire. Par la suite, le parc d'attractions, d'abord nommé *Happyland*, est devenu un événement permanent. Durant les années 1930, une quantité impressionnante de nouveaux immeubles ont été érigés, dont beaucoup sont encore en service aujourd'hui, plus de 60 ans plus tard (citons parmi eux le *Rollerland*, le *Livestock Building*, le Forum, le *Pure Foods Building* et le *Garden Auditorium*). Sur une note plus sombre, notons que l'Exposition annuelle de Vancouver

n'a pas eu lieu entre 1942 et 1946 car le parc Hastings servait de
« centre d'évacuation » à l'armée canadienne pour y interner les
Canadiens d'origine japonaise avant de les envoyer à l'intérieur des
terres de la Colombie-Britannique ou plus à l'est [19].

À partir de 1946, année où la VEA a été renommée l'Exposition
nationale du Pacifique (Pacific National Exhibision, PNE), le parc
Hastings a connu une nouvelle explosion de développements, dans
le contexte politique, économique et culturel de la consolidation
du capitalisme d'après-guerre et de l'expansion économique qui a
accompagné l'établissement d'un nouvel ordre industriel. L'étendue
des champs de foire s'est vue augmentée grâce à la location du parc
Callister (alors un stade extérieur) à la PNE par la ville de Vancouver.
La ville et la PNE ont ensuite acquis 11 hectares de terrain additionnels à l'extrémité sud-est du parc et l'hippodrome a été agrandi en
1948. Peu après, dans les années 1950, le *B.C. Pavilion* a ouvert ses
portes. Non seulement la PNE jouissait d'une expansion rapide de son
complexe de divertissement commercial, mais la ville de Vancouver
réalisait des profits. Dans cette atmosphère de croissance presque
débridée, Vancouver a commencé à se démarquer dans l'Ouest
canadien comme ville entrepreneuriale, grouillante d'activités et en
expansion, se positionnant ainsi parmi les plus importants centres de
ressources industrielles au pays. En 1954, la ville a obtenu les Jeux de
l'Empire (maintenant appelés les Jeux du Commonwealth), un événement d'une importance majeure pour son image, occasionnant la
construction de l'*Empire Stadium,* pour accueillir les compétitions.

Le développement de mégastructures s'est poursuivi à un rythme
régulier dans le parc Hastings dans les années 1960 avec la construction de l'*Agrodome* (1963) et du *Coliseum* (1968), qui a accueilli
les Canucks de Vancouver de la Ligue nationale de hockey pendant 25 ans, de 1970 à 1995, jusqu'à ce que l'équipe déménage au
General Motors Place, un nouveau stade construit dans le delta de
False Creek, dans le centre-ville de Vancouver. Toujours dans les
années 1960, le parc a vu l'inauguration dans le B.C. Pavilion du
B.C. Sports Hall of Fame (le Temple de la renommée sportive de la
Colombie-Britannique) qui devenait l'une de ses principales attractions, alors que l'hippodrome, pivot du parc Hastings tout au long
de son histoire, était encore une fois agrandi et amélioré.

Au début des années 1970, le parc Hastings a bien failli accueillir
une autre mégastructure sportive quand la PNE a proposé de

construire le *Multiplex*, un imposant centre de sports et de congrès avec en son centre un stade de 60 000 places. Mais ces projets ont été abandonnés quand le gouvernement provincial a décidé de construire un stade sportif, le *B.C. Place* (1983), et un centre des congrès, le *Canada Place* (1986), dans le centre-ville de Vancouver, plus précisément dans le delta de False Creek, en vue de l'Exposition universelle de 1986.

Avec tous ces développements, la détérioration progressive de l'environnement naturel du parc Hastings n'a rien d'étonnant. Pour accueillir les terrains de stationnement, les gens et les pavillons, des arbres ont été abattus et des cours d'eau condamnés. La première dégradation environnementale majeure a eu lieu en 1935 quand Hastings Creek, une rivière à saumons longue de 1,3 kilomètres, a été ensevelie. Jusqu'en 1915, la portion est du parc était couverte par un boisé ; aujourd'hui, il n'en reste plus aucune trace [20]. En 1996, il y avait approximativement 4500 places de stationnement dans le parc Hastings et dans les secteurs avoisinants, couvrant ainsi plus de 20 % de sa superficie [21].

Au milieu des années 1960, les gens ont finalement commencé à prendre conscience du problème. Les résidants du quartier Hastings-Sunrise ont peu à peu exprimé leurs inquiétudes quant à la direction que prenait le développement du parc et à la perte de sa vocation d'espace vert. En 1964, le conseil municipal de Vancouver a déclenché un tollé en annonçant la prolongation du bail de la PNE de 30 ans. Un conseiller s'est écrié dans les colonnes d'un journal : « Comment peut-on tout à la fois octroyer un bail de location qui sert les intérêts de la course de chevaux pour 19 années après 1975, dire que ce bail est en tout temps résiliable si le Conseil le juge nécessaire, et prétendre être à l'écoute de ceux qui pensent que les chevaux, les courses et tout le reste devraient quitter le site de la PNE afin que le secteur soit restauré pour servir de parc public [22] ? »

En 1978, un résidant du quartier, Guy Faint, a repris le flambeau et mené une campagne pour que le parc Hastings redevienne un véritable parc public. Plus spécifiquement, il a contesté devant les tribunaux la décision du gouvernement provincial permettant les développements sur le site, alors que la cession du terrain en 1889 prévoyait qu'il serve « à l'usage, au loisir et au plaisir du public ». En 1982, le procureur général de la province donnait raison à monsieur Faint ; les activités de développement dans ce parc étaient contraires aux termes précisés par la société de fiducie, à travers laquelle les droits de propriété du parc avaient été légués à la ville de Vancouver par le gouvernement provincial.

Ce jugement a marqué un tournant dans l'histoire du parc Hastings car il a contribué à mobiliser les militants de la communauté. Trois ans plus tard, en 1985, un nouveau plan d'action pour le secteur de Hastings-Sunrise était adopté par le conseil municipal. Il recommandait que les activités du parc Hastings « s'éloignent des foires commerciales et des salons commerciaux, du divertissement et des événements de masse, des sports professionnels et des activités relevant du secteur agricole ». À la place de quoi, le parc accueillerait désormais « des activités récréatives locales, de quartier, municipales et régionales propres à un parc, certaines activités régionales spéciales et servirait, dans la mesure du possible, à une utilisation plus conventionnelle du terrain, afin qu'il devienne un prolongement de la communauté établie aux alentours du parc ». Tout au long des années 1980 et au début des années 1990, les résidants vivant à proximité du parc ont continué à se mobiliser pour qu'il soit restauré en un espace vert et que les activités commerciales y disparaissent. En 1987, par exemple, la Société pour la restauration du parc Hastings (*Hastings Park Restoration Society*) se greffait à la contestation générale pour faire pression en faveur de la restauration du parc et défendre sa vocation récréative. Puis en 1992, une coalition de groupes communautaires et de citoyens, Les Amis du parc Hastings (*Friends of Hastings Park*), s'est formée avec pour mission de redonner au parc sa vocation d'espace vert. Parmi les membres de la coalition se trouvait la Société pour la restauration du parc Hastings, l'Association du centre communautaire de Hastings (*Hastings Community Center Association*) et le Conseil du secteur Grandview-Woodland (*Grandview-Woodland Area Council*).

Au fur et à mesure que ce mouvement populaire local prenait de l'ampleur, des pressions politiques étaient exercées sur le conseil municipal de Vancouver. En 1990, le conseil informait enfin le gouvernement provincial de ses intentions de reverdir le parc Hastings une fois que le bail de location de la PNE serait expiré en 1994 : « le site sera restauré en profondeur afin qu'il puisse principalement être utilisé comme parc, avec de nombreux arbres et des espaces verts qui remplaceront l'asphalte et les immeubles[23] ». Quatre ans plus tard, en mai 1994, le gouvernement provincial convenait, après négociations, que la ville était bel et bien propriétaire du parc Hastings et qu'elle était libre de mener son Projet de restauration [24]. En 1995, la Commission des parcs et le conseil municipal de Vancouver adoptaient des résolutions, respectivement les 6 et 16 mars, mettant en branle un processus de planification devant mener à l'élaboration d'un projet officiel de réaménagement du parc et accordant un budget de 350 000 dollars pour la mise en œuvre de ce processus de planification, à partir du fonds de réserve du parc Hastings.

Une nouvelle vision pour le parc Hastings

C'est en 1994 que le conseil municipal de Vancouver a entamé le processus de planification nécessaire à la création d'un parc Hastings plus vert. Le tout a été supervisé par la Commission des parcs et loisirs de Vancouver, en collaboration avec la communauté de Hastings-Sunrise [25]. Divers groupes d'intérêts devaient être représentés par le Comité de travail du parc Hastings (*Hastings Park Working Committee*), un comité créé par le conseil municipal le 16 mars 1995 pour assister la Commission des parcs dans l'élaboration d'un projet de réaménagement. Le niveau élevé de participation du public fut un des éléments les plus frappants de tout ce processus.

Dès le début des années 1980, quand les résidants du quartier et divers groupes communautaires ont commencé à se mobiliser pour que le site soit restauré en un parc et que cessent les activités commerciales, la participation aux nombreuses consultations publiques était forte. Et il en a été ainsi tout au long du processus de planification. Des fonds ont d'ailleurs été alloués par le conseil municipal et la Commission des parcs pour que la participation de la communauté se poursuive durant la phase de réalisation du projet, soit durant les 20 années suivantes. La recommandation de créer un mécanisme de gestion conjointe entre la Commission et des représentants de la communauté a également permis d'assurer la participation active de la communauté dans le programme de restauration et d'entretien du parc.

Le Comité de travail du parc Hastings s'était donné comme objectif de faire en sorte que différents groupes d'intérêts arrivent à définir un consensus quant à la « vision » qu'ils avaient du nouveau parc et aux actions nécessaires à son implantation. Pour en arriver à un tel consensus, les membre du Comité de travail se sont rencontrés régulièrement, 18 fois au total entre mai 1995 et février 1996.

Précisons que le Comité compte 12 membres actifs représentant six sous-comités, appelés forums, qui représentent chacun un important groupe d'intérêts, avec des enjeux particuliers à défendre dans le processus de réaménagement et de restauration du parc : le Forum des résidants locaux de Hastings, le Forum de l'hippodrome, le Forum de l'environnement, le Forum des arts et de la culture, le Forum des sports et le Forum des résidants de la grande ville de Vancouver[26].

Chacun de ces forums avait soumis ses recommandations écrites au Comité de travail sur sa propre vision du parc Hastings et sur la manière dont elle pouvait se traduire en terme d'aménagements et d'activités. Par exemple, le Forum de l'hippodrome, représentant les intérêts des principaux membres de l'industrie des courses de chevaux de la Colombie-Britannique[27], avait pour principal objectif que ses activités soient «complètement intégrées» aux objectifs et aux attentes générales des autres partenaires. Ne pouvant se satisfaire d'être considéré comme un «mal nécessaire» ou «simplement comme quelque chose d'accessoire au parc», le Forum de l'hippodrome considérait les courses de chevaux, un attrait important dans le parc depuis les années 1920, comme faisant partie intégrante du tout, du «thème général» du parc Hastings. Dans ses recommandations, l'«intégration» et la «coopération» étaient donc présentées comme les principes fondamentaux de l'industrie dans le processus de planification du parc Hastings.

Une autre série de recommandations, provenant cette fois du Forum des résidants de Vancouver, proposait que le parc Hastings soit un «nouvel environnement durable et riche par sa diversité et sa complexité». Ce Forum demandait également que le nouveau parc reflète bien la composition sociale de la ville, qu'il soit un endroit offrant des «expériences agréables, diversifiées et intenses» pour *tous* les résidants de Vancouver. Car en décrivant une vision du parc Hastings, «nous décrivons du même coup ce que nous sommes en tant que communauté». Le parc devait donc servir le public ; pour ce faire, il ne devait pas seulement être un espace avec une forêt, des champs et des cours d'eau, mais aussi un lieu «où tous les citoyens de Vancouver se réunissent pour célébrer leur présence ensemble».

Les *consultations publiques* ont été au cœur de tout le processus de planification de la restauration et du réaménagement du parc. En plus de ces six forums, le Comité de travail du parc Hastings a organisé un certain nombre d'audiences publiques et d'ateliers, qui ont également suscité une très grande participation du public. En mai 1995 s'est tenue la première de deux rencontres communautaires. Nommée « Un nouveau départ », elle a sonné le coup d'envoi du processus de planification et a attiré environ 125 résidants. La deuxième rencontre, tenue en octobre suivant, s'échelonnait sur deux jours et avait pour thème « Rêves et ambitions[28] ». Cent cinquante personnes ont assisté aux présentations faites par quatre importants architectes paysagistes, qui avaient travaillé avec les personnes présentes à l'élaboration de concepts préliminaires et d'un cadre général de travail pour le réaménagement du parc Hastings. Cette rencontre a également marqué le début d'un long processus visant à un consensus entre les divers groupes d'intérêts, pour décider de ce qui serait inclus dans le nouveau parc, et de la meilleure manière d'y parvenir[29]. Les jeunes du secteur Hastings-Sunrise ont aussi été conviés à participer à ce processus lors d'un atelier de design tenu en octobre 1995. Quelque 100 élèves de niveau secondaire s'y sont déplacés. En plus de ces deux rencontres, deux bulletins d'information ont été distribués dans 9000 foyers du secteur, invitant encore une fois les résidants à participer.

Ce long processus de consultation s'est poursuivi jusqu'au printemps 1996, avec de nombreuses audiences publiques et de nombreux forums réunissant un large éventail de groupes, travaillant tous sous la supervision du Comité de travail pour parvenir à un accord sur l'avenir du nouveau parc Hastings. Mi-février, le but avait été atteint grâce à la production finale du Programme de restauration, un plan de travail exposant les grandes lignes du programme d'activités, et qui devait servir de base au réaménagement du parc.

Le Comité de travail du parc Hastings a alors déposé le Programme de restauration à la Commission des parcs, où il a été adopté à l'unanimité comme « base pour l'élaboration d'un concept de design » pour la restauration du parc. Le conseil municipal de Vancouver en a fait autant le 26 février 1996 lorsqu'il a adopté à l'unanimité une résolution afin que ce programme « soit approuvé en principe et serve de base à l'élaboration d'un plan de design conceptuel et que le financement du [projet] d'aménagement du parc et de sa réalisation finale soit sujet à l'approbation du Conseil ». En effet, le Programme de restauration présentait les principales lignes directrices pour l'aménagement du parc au cours des quatre décennies suivantes. Conjointement

Plusieurs forums ont servi à construire le programme de restauration qui fut déposé au conseil municipal de Vancouver

avec les plans détaillés dessinés par un architecte paysagiste, il servait de base pour le réaménagement du parc.

Après que le Programme de restauration ait été adopté, le conseil municipal a amorcé son propre processus de consultations publiques, qui a duré de novembre 1996 à février 1997. Le but était alors de créer un Projet de restauration, c'est-à-dire un projet d'aménagement plus concret et détaillé, basé sur les principes établis dans le Programme de restauration. Encore une fois, la participation du public à chacune des étapes de design du parc a été remarquable. Le 22 juin 1996, un atelier a été organisé pour les participants des forums impliqués dans la planification du parc Hastings afin de les informer des principaux problèmes de design soulevés par l'architecte paysagiste. Lors de l'Exposition nationale du Pacifique de 1996, un kiosque d'information a été aménagé dans le *B.C. Pavilion,* afin d'expliquer au grand public les objectifs du projet de restauration du parc et de lui présenter les aménagements et activités qui y étaient prévus.

Une campagne de distribution d'un bulletin d'information faisait également partie de la stratégie utilisée par la Commission des parcs pour susciter l'intérêt du public envers le processus d'aménagement du parc. En novembre 1996, plus de 7500 exemplaires ont été postés aux résidants et aux propriétaires du quartier Hastings-Sunrise, décrivant les trois options de design retenues par la Commission et le Comité de travail du parc, et annonçant les rencontres et les kiosques d'information à venir. Des exemplaires du bulletin ont également été distribués dans certains espaces publics très fréquentés, comme l'hôtel de ville de Vancouver, les bureaux de la Commission, les centres communautaires et les bibliothèques à travers toute la ville.

Toujours dans l'optique de faciliter et d'augmenter la participation du public, de la publicité est également parue dans les journaux locaux et sur le site Web de la ville. À la manière des consultations publiques qui ont mené à l'élaboration du *Programme de restauration* en 1995-1996, une rencontre d'information a eu lieu le 23 novembre 1996, cette fois dans le parc même, au *B.C. Pavilion,* pendant toute une journée ; environ 150 personnes y ont participé. L'architecte paysagiste y a exposé, diapositives à l'appui, les caractéristiques communes et les différences entre les trois options de design retenues. À la suite de cette rencontre, un certain nombre de kiosques d'information ont été organisés en divers endroit de la ville, animés par des employés de la Commission des parcs. Comme lors des rencontres publiques, des tableaux explicatifs pouvaient être consultés sur place et des bulletins d'information et questionnaires ont été distribués aux quelque 700 personnes qui s'y sont présentées.

Les objectifs de la restauration du parc Hastings

Le Projet de restauration prévoyait presque deux décennies pour reverdir le parc Hastings. Lorsque les travaux seraient complétés, le parc serait le deuxième en importance à Vancouver. Le concept de design du parc visait à en faire un parc important pour le secteur nord-est de la ville, capable de rivaliser avec le célèbre parc Stanley situé à l'ouest du centre-ville de Vancouver et qui jouit d'une réputation internationale. Le Projet de restauration prévoyait donc la création de 37 hectares d'espace vert sur un site qui en compte 65. Les 28 hectares restants comprendraient l'hippodrome (20 hectares), des aires de stationnement (5 hectares) et des immeubles (3 hectares). Comme prévu dans la première phase de planification, le nouveau parc Hastings serait « le nouveau parc le plus important de la ville au XXIe siècle [...], un sanctuaire urbain où abondent les espaces naturels, un parc invitant les résidants, les visiteurs et la grande communauté de Vancouver à la pratique d'activités paisibles et informelles, à la relaxation, et à l'émerveillement[30] ».

Un des éléments les plus appréciés du projet de reverdissement du parc Hastings était la restauration de Hastings Creek, un cours d'eau qui coulait autrefois du sud vers le nord au beau milieu du terrain de l'exposition, mais qui avait été enseveli en 1935 pour permettre l'expansion rapide du parc d'attractions et des aires de stationnement. Comme nous pouvons le lire dans le Programme de restauration, les militants de la communauté et les membres de la Commission des parcs voyaient en ce cours d'eau historique le symbole de la renaissance du parc Hastings : « La restauration de Hastings Creek est primordiale pour la restauration du parc ; le cours d'eau deviendra le cœur du nouveau sanctuaire[31]. »

Le Projet prévoyait plus de 5,5 millions de dollars pour rendre à ce cours d'eau de 1,3 kilomètres l'accès à la lumière du jour. Cette somme devait également permettre de reconstruire le lit de la rivière, et de reconstituer un habitat suffisamment viable pour ramener dans le parc le saumon qui fraye dans la crique de Burrard Inlet[32]. Le cours d'eau ne serait pas alimenté à partir du système de traitement des eaux de la ville, mais plutôt par les eaux de ruissellement du quartier résidentiel au sud de Hastings-Sunrise, dont on éliminerait les polluants chimiques et organiques par un procédé de biofiltration. Ce procédé aurait recours à plusieurs étangs, un marais d'eau douce et « une série de bassins et de filtres » afin d'assurer une eau suffisamment propre pour accueillir, un jour peut-être, les œufs du saumon coho. Ce retour du saumon dans le parc Hastings est attendu avec impatience, puisqu'il « symboliserait la guérison du parc[33] ».

En plus de restaurer Hastings Creek, le Projet prévoyait la création d'un sanctuaire. Quatre hectares de terrain situés dans la moitié sud du parc relieraient les divers éléments du parc (boisés, prés, marais et jardins), créant ainsi un sanctuaire naturel éloigné des pressions et du stress associés à la vie dans une métropole qui grossit rapidement. « Puisque la densité de la population augmente », pouvons-nous lire dans le Programme de restauration, « le parc Hastings sera une source de plaisirs non seulement pour les résidants du quartier, mais également pour tous les Vancouvérois ; il offrira une occasion de fuir la ville au cœur même de la ville. » Et c'est précisément à cela que servirait le sanctuaire : il offrirait un grand espace naturel propice à la contemplation, à l'observation des oiseaux et à d'autres loisirs paisibles.

Prévu lors du processus de planification comme un endroit naturel et serein, avec pour principaux attraits l'eau, les arbres et les sentiers de randonnée pédestre, le sanctuaire devait regrouper Hastings Creek, plusieurs étangs, des marécages, des boisés, des prés et des jardins pour créer un endroit propice « aux loisirs paisibles, un endroit où s'éloigner de tout[34] ». Le projet de sanctuaire a bien sûr été accueilli avec enthousiasme par la population lors des consultations publiques. Il était perçu comme l'élément clé de l'aménagement du parc, et considéré par certains comme « le cœur et l'âme du nouveau parc ». Les défenseurs du parc avaient très clairement exprimé leur désir que le cours d'eau puisse accueillir le saumon, que les boisés puissent accueillir un grand nombre d'espèces d'oiseaux, que la vie sauvage soit présente dans le parc Hastings et que le sanctuaire devienne un écosystème prospère dans une communauté urbaine en croissance.

Pour maximiser la taille du sanctuaire, cinq importants immeubles ont été démolis à la fin de l'automne 1997 : le B.C. *Pavilion*, le *Food Building*, le *Showmart*, le *Poultry Building* et le *Display Barn*[35].

Environ 8 millions de dollars étaient réservés à cette première phase cruciale du Projet de restauration du parc Hastings, dont le terme était prévu pour l'été 1999. (Le sanctuaire a été officiellement ouvert au public le 9 août 1999.)

Un autre élément clé du Projet de restauration consistait en la création de « corridors verts » [*green links*] reliant le parc Hastings aux parcs adjacents (le parc de la communauté de Hastings, le parc Brighton et le parc Callister), et augmentant du même coup la superficie totale des espaces verts offerts à partir du nouveau parc Hastings. Ceci faisait partie d'une initiative de la ville appelée *Greenways Plan,* qui prévoyait la création de corridors verts quadrillant toute la ville : ils devaient relier les parcs importants aux chemins pédestres et aux pistes cyclables situées le long des quais de Vancouver, les nombreux sentiers qui se trouvent dans les parcs, et certaines rues spécialement désignées. Ce grand réseau de corridors verts devait créer un lien entre le parc Hastings et les autres parties de la ville, afin d'encourager et de faciliter la venue des piétons et des cyclistes. Par ailleurs, la construction d'une passerelle entre le parc Hastings et le parc New Brighton, situé en front de mer, devait permettre de traverser l'autoroute et la voie ferrée qui séparent les deux parcs[36].

Comme l'indique un rapport de 1991 portant sur les objectifs d'aménagement du site, le nouveau parc Hastings devait se démarquer par ses contrastes visuels et physiques : « le contraste de ses grands espaces verts avec le port adjacent, et le contraste entre des aménagements paysagers plutôt formels et des espaces renaturalisés, presque sauvages [...]. Pique-niquer dans un pré en regardant les pur-sang s'entraîner ; voir le traversier passer tout près de la côte ; se déplacer aisément d'un plan d'eau artificiel agrémenté de jardins bien soignés vers des cours d'eau, des prés et des boisés naturalisés — tout cela fera partie du nouveau parc[37]. »

Un élément essentiel pour atteindre ces objectifs était la construction d'un important belvédère au cœur du nouveau parc, appelé Windmere Hill. Sa construction était prévue sur le point le plus élevé de l'extrémité sud du parc, à l'emplacement actuel du parc d'attractions *Playland*, dont la démolition devait bientôt débuter. Une fois terminé, ce belvédère offrirait une vue magnifique sur les montagnes de la rive nord et sur la crique de Burrard Inlet, afin que « la majesté de ces éléments soit ressentie jusque dans le parc ». De plus,

Windmere Hill offrirait une vue sur le vénérable hippodrome. Les visiteurs, aussi bien les résidants que les touristes, pourraient ainsi profiter de ce que les urbanistes décrivent comme une spectaculaire « expérience visuelle ».

Malgré toute les destructions nécessaires à ces aménagements et à la restauration du parc — notamment la destruction d'immeubles (dont quelques-uns avaient une valeur historique) pour faire place à une rivière à saumons, un sanctuaire naturel, des prés, des boisés et des jardins, une institution continuerait d'occuper un place importante dans le nouveau parc Hastings : les courses de chevaux pur-sang. Le Projet de restauration prévoyait l'intégration de l'hippodrome « afin que ses installations se marient bien avec le programme de reverdissement du parc ». Les murs actuels de l'hippodrome, opaques, empêchent les visiteurs d'observer l'entraînement et le soin des chevaux. Le Projet de restauration prévoyait la « perforation » des murs de l'hippodrome, pour offrir une vue sur le champ de course, ce qui permettrait à l'hippodrome de sortir de son isolement.

Bien que le Projet de restauration nécessitait le déménagement des écuries qui accueillent 1200 pur-sang, il recevait l'appui de l'Association des courses du Pacifique (*Pacific Racing Association*) qui gère l'hippodrome. Le nouveau projet rendrait le parc plus attrayant ; il permettrait au public de voir à distance l'hippodrome et les lieux d'entraînement et de soin des chevaux. Le tout assurerait une meilleure intégration de l'hippodrome au reste du nouveau parc. Comme le disait le président de l'Association : « Nous voulons faire partie du parc ; nous ne voulons pas en être séparés[38]. »

Si le futur des courses de chevaux était assuré au parc Hastings, il n'en était pas de même pour l'Exposition nationale du Pacifique. Le départ de la PNE était un ingrédient clé du Projet de restauration. À l'origine, la PNE devait quitter le parc après l'édition de 1997, mais elle a obtenu du conseil municipal, en juillet de la même année, une prolongation de son bail lui permettant d'accueillir les éditions de 1998 et 1999. Cette décision lui donnait un peu plus de temps pour trouver un nouvel emplacement, mais était soumise à la condition qu'elle « ait une entente ferme » pour un nouvel emplacement au plus tard le 31 décembre 1997. Dans le cas contraire, la prolongation ne serait valide que pour 1998.

Telle était donc la nouvelle vision du parc Hastings ; une vision forgée au cours d'un processus visant le consensus entre les résidants du quartier, les environnementalistes, les gens d'affaires locaux et les membres de la Commission des parcs et loisirs de Vancouver. En bref, 1996 a été une année historique pour le parc Hastings. Le Projet de restauration rassemblait les nombreux rêves et aspirations des résidants du quartier, des dirigeants de l'hippodrome, des groupes sportifs, des organismes artistiques et des défenseurs de l'environnement. Il comportait tous les éléments nécessaires pour aménager le plus grand parc du secteur nord-est de la ville; un parc promettant d'être agréable aussi bien pour les amateurs de marche paisible que pour ceux qui veulent pratiquer des loisirs plus intenses; un parc accueillant et intégrant l'hippodrome au lieu de lui tourner le dos; un parc ouvert vers les autres parcs et quartiers du voisinage.

Nous tenons à terminer ce chapitre en soulignant l'impact énorme qu'a eu ce projet sur les pratiques de consommation au parc Hastings, en provoquant le passage de la consommation de grands divertissements commerciaux à des activités de détente et de jeu. Ceci est le résultat de l'engagement politique des militants et des organismes populaires. Il ne faut bien sûr pas en conclure qu'aucune activité sportive n'aura lieu dans le nouveau parc Hastings. Au contraire, le sport et les loisirs occuperont une part importante du programme d'activités, mais pas à une échelle commerciale si grande que par le passé, et seulement dans le cadre d'activités plus modérées, répondant aux besoins de la communauté.

Un certain nombre de défenseurs de la Formule Indy ont prétendu que la course automobile avait été injustement ciblée et exclue du site, alors que les très commerciales courses de chevaux sont restées. Mais ces dernières sont un sport qui a bien peu à voir avec le Molson Indy. Les foules sont moins nombreuses, tout comme sont moins nombreux les bouchons, le bruit et les déchets qui accompagnent inévitablement une course de Formule Indy. De plus, et c'est un point important, l'Association de course du Pacifique paie 1,5 million de dollars à la ville chaque année pour la location de son site dans le parc de l'exposition, et cet argent est directement affecté au Projet de restauration du parc. Plus important encore, les courses de chevaux font partie de l'histoire du parc et pouvaient facilement s'intégrer à son Projet de restauration. Le champ de course lui-même sera reverdi et promet de bien se fondre avec les autres activités prévues dans le parc.

Comme l'explique le président de la Commission des parcs et loisirs de Vancouver: « Les loisirs intenses demeurent une priorité pour l'utilisation des parcs à Vancouver, tout comme le sont les loisirs modérés. » Toutefois, les activités qui ont envahi le parc pendant un siècle sont devenues inacceptables dans un espace ainsi restauré. Grâce à l'engagement financier et politique du conseil municipal et de la Commission des parcs, et avec la bénédiction des militants de la communauté, le paysage du parc et son programme d'activités ne seront plus dominés par des activités récréatives hautement commerciales.

Ayant obtenu des engagements fermes et disposant d'un programme de restauration déjà bien établi dès la fin de l'année 1996, la dernière chose à laquelle pouvaient s'attendre les militants en faveur de la restauration du parc était bien l'annonce publique que le Molson Indy avait l'intention de déménager au parc Hastings.

- Les dirigeants du MIV croyaient pouvoir entreprendre leur projets sans trop grande difficulté, en lobbyant les autorités de la ville, en "flashant" les retombés économiques.

- Ils ont heurté un mur de désintérêt par un grape qui s'était investit dans un projet de renouvellement.

- Que serait-il arrivé si ils le projet de restauration n'était pas en cours?

- Le livre néglige de parler du lobbying, des pressions venant des gens en position de pouvoir susceptible de retombés économiques...

- définition de chantage
  à savoir si passer les retombées économiques et l'entraide avec les frais de restauration du parc ne serait pas aussi du chantage?

CHAPITRE III

Vendre le spectacle

TÔT LE MATIN du 17 janvier 1997, le maire de Vancouver, Philip Owen, trouva à son réveil, sur le trottoir et dans le stationnement de sa résidence de Shaughnessy, un quartier huppé de l'ouest de Vancouver, un tas de fumier. Le geste était revendiqué par un groupe appelé CRAP et le message qu'il adressait aux politiciens municipaux était clair : le Molson Indy de Vancouver (MIV) ne serait pas le bienvenu au parc Hastings en 1998. Ces militants anti-Indy ont d'abord déposé le fumier chez Owen, alors que lui et sa famille dormaient encore, puis ils ont communiqué avec une station radiophonique locale pour protester contre le bruit et les perturbations causés par la course chaque fin de semaine de la Fête du travail[1]. Cet événement a eu lieu malgré la déclaration publique du maire Owen, dans laquelle il jugeait la relocalisation de la course au parc Hastings vouée à l'échec, puisque le parc devait devenir « un parc vert, passif et paisible pour la communauté et la région ». Néanmoins, comme l'urbaniste et écrivain Noel Hulsman le disait, au lieu d'accueillir à bras ouverts la course de Formule Indy dans leur communauté, les membres du groupe CRAP ont posé un geste de défiance : « Jacques Villeneuve n'est pas un saumon et cette course n'est pas une rivière restaurée[2]. »

L'incident du fumier est survenu le lendemain de l'annonce publique par Molson Sports et Spectacles de son désir de déménager le Molson Indy au parc Hastings. *Pour les organisateurs de la course, il ne s'agissait pourtant pas d'une décision de dernière minute.* Dès qu'il est devenu évident que la course perdrait « son plus grand ensemble de tribunes », les recherches ont commencé pour trouver un nouveau site qui réponde aux exigences strictes des gouverneurs de la Formule Indy. Bien que plus de 18 sites aient été considérés, le parc Hastings est rapidement apparu comme la meilleure option. Comme le directeur général de la course, Phil Heard, l'expliquait : « Nous avons cherché partout un site qui nous conviendrait, de Squamish à Vancouver-Nord, d'Abbotsford jusque dans l'est. Nous avons considéré tous les terrains disponibles qui semblaient répondre à nos critères d'accessibilité, de viabilité financière et de disponibilité pendant 12 semaines, critères indispensables à notre installation. »

Le campus de l'université de la Colombie-Britannique est un des sites qui répondaient à ces critères. Heard faisait remarquer, par exemple, que « [l'université] nous avait déjà approchés pour que la course se tienne là-bas. La fin de semaine de la Fête du travail [durant laquelle a lieu la course] est celle où le taux d'occupation sur le campus est à son plus bas : les cours d'été sont terminés, la session d'automne n'est pas encore commencée, de sorte que le taux d'occupation du campus de l'université est très faible, ce qui aurait été parfait pour nous. » Les administrateurs de l'université étaient donc très intéressés à accueillir la course, ou du moins envisageaient sérieusement cette possibilité. Mais au même moment, ils étaient au beau milieu de pourparlers avec les autorités régionales concernant un important projet de développement et diverses politiques d'utilisation de leurs terrains. Le mieux qu'ils avaient à offrir était d'informer Heard que la Formule Indy serait la bienvenue dans plusieurs années, une fois que divers projets de construction et plans de développement seraient terminés. Pour le moment, le site de l'université n'était pas disponible.

Un autre site qui a initialement retenu l'attention des dirigeants de la Formule Indy était l'aéroport international de Vancouver à Richmond, une ville située sur une île, au sud-ouest de Vancouver. Le site était attrayant car le terrain était plat, ce qui aurait été idéal pour la piste. Plus important encore, comparé au reste de la Colombie-Britannique continentale du sud, le terrain était en grande partie inexploité et aucun développement n'y était prévu pour les 20 prochaines années, offrant ainsi un bon potentiel d'installation à long terme pour le Molson Indy. Heard déclarait : « Nous avions le sentiment que l'aéroport international de Vancouver offrait un site génial à l'abri des développements résidentiels pour les prochaines décennies, de sorte que nous pensions pouvoir être le meilleur et le plus prestigieux utilisateur de ce terrain. Quand le développement résidentiel et commercial débuterait, nous déménagerions. Mais ce ne serait pas le cas avant un bon bout de temps. »

Néanmoins, le problème de la circulation inquiétait les dirigeants de l'aéroport. L'accès à l'île sur laquelle il se trouve se limite à deux voies publiques. Même dans les meilleures conditions, la circulation aurait été dense, et durant la fin de semaine de la course, avec plus de 160 000 personnes se déplaçant dans le secteur, la congestion et les barrages routiers auraient posé de sérieux problèmes. Comme un dirigeant de la Formule Indy le faisait remarquer : « Il n'y a que deux voies d'accès à cette île et si, en particulier un jour de course, une seule personne ratait l'avion à cause de la circulation créée par la course, il y aurait tout un tollé contre nous et les gens de l'aéroport. » Par conséquent, la proposition de déménager la course à cet endroit a été rejetée.

En comparaison, le parc Hastings semblait donc être l'option la plus pratique pour y déménager le Molson Indy. Comme l'expliquait Heard : « Nous avons envisagé les aéroports, trois d'entre eux : Boundary Bay, l'aéroport international de Vancouver et Abbotsford. Nous avons envisagé l'université Simon Fraser à Burnaby, l'université de la Colombie-Britannique et le terrain du côté opposé au delta de False Creek où se trouve actuellement notre site... nous avons tout envisagé. Et le consensus était que le parc Hastings ferait une excellente piste. Ce site nous offrait la possibilité d'une installation semi-permanente, et toutes les autres bonnes choses dont nous avions besoin, et nous pouvions, de plus, intégrer la piste au projet de réaménagement du parc. »

De tous les sites envisagés par les dirigeants de la Formule Indy, le parc Hastings était le seul à répondre aux critères d'accessibilité et de dimensions fixés par les officiels de la série CART. Il était aussi le seul à pouvoir être utilisé chaque été durant les 12 semaines nécessaires pour monter et démonter les kilomètres de clôtures de sécurité, les tribunes, les puits de ravitaillement et les autres installations liées à la course. Selon Norman Stowe, directeur des communications du Molson Indy, « à la question purement technique "Pouvez-vous accueillir les spectateurs, pouvez-vous faire en sorte que la course réponde aux critères ?", le parc Hastings était un très, très bon emplacement. »

Opposition au plan de relocalisation de la course Indy

Les défenseurs du parc voyaient les choses autrement. Leur réaction à la proposition d'y déménager la course de Formule Indy était vive et féroce. « C'est une idée complètement ridicule », se plaignait un résidant du quartier. « S'il y a une course de Formule Indy, il n'y aura pas de parc, c'est aussi simple que ça[3]. » Un administrateur de l'Association de quartier de Hastings (*Hastings Community Association*) se montrait encore plus direct : « Je pense que c'est ridicule, complètement grotesque de penser qu'ils pourraient refiler ça à un quartier résidentiel[4]. » Après avoir travaillé pendant plus de deux décennies à reprendre le parc Hastings des mains de la PNE pour en faire un espace vert, il n'était pas question pour les militants de voir leur projet compromis par une course automobile d'envergure internationale.

Quand le projet de relocalisation de la course a été rendu public à la mi-janvier 1997, le Projet de restauration du Comité de travail du parc Hastings était déjà en place et jouissait de circonstances favorables puisqu'il recevait l'appui sans réserve de la Commission des parcs et du conseil municipal. Même si presque tout l'espace destiné à la renaturalisation était encore recouvert de manèges, de montagnes russes et d'asphalte, il y avait des raisons d'être optimiste. Avec le départ de la PNE et la restauration du parc, les disparités historiques entre l'est et l'ouest de Vancouver dans le domaine des espaces verts seraient bientôt réduites. Pour que le rêve devienne réalité, il n'y avait qu'à entreprendre la première série de démolitions d'immeubles et débuter la réalisation de la première phase du projet, prévoyant la restauration du cours d'eau et la création du sanctuaire naturel.

Mettre en place un nouveau mégaprojet commercial dans le parc était donc une proposition scandaleuse pour les défenseurs du parc. « Nous sommes passés par un long processus et sommes arrivés à un consensus [sur le projet de design du parc] », expliquait le commissaire de la Commission des parcs, David Chesman. « Ils veulent défaire tout ça. Ils ont du chemin à faire [...] l'idée est tellement ridicule que ça me donne envie de rire, ou de me fâcher[5]. » Gerry Underhill, architecte membre du Comité de travail du parc, a bien saisi l'état d'esprit qui régnait alors : « Comme bénévoles, nous devons passer un nombre incalculable d'heures avec peu de ressources pour combattre ces organisations bien financées qui arrivent de nulle part avec des idées *totalement incompatibles* avec un parc[6]. » Selon lui, le Molson Indy était complètement incompatible avec les projets d'utilisation du terrain conçus pour la restauration du parc Hastings. L'intégrité du nouveau parc serait complètement compromise si l'on y incluait un emplacement permanent de Formule Indy.

Au lieu de restaurer l'environnement naturel du parc, les plans auraient dû être modifiés pour recevoir la course automobile. Puisque la nouvelle vision du parc était d'offrir aux visiteurs « une large variété d'expériences visuelles », on comprend aisément pourquoi les résidants du quartier pensaient qu'une course automobile ne devait pas en faire partie. Le Programme de restauration du parc prévoyait plutôt une perspective beaucoup plus « verte » : « Les participants à la planification du parc Hastings se sont efforcés de transposer des valeurs communes intemporelles comme l'appréciation de la nature, les activités récréatives, la fête, le divertissement et l'éducation dans le cadre d'une programmation plus contemporaine qui promet d'offrir une grande diversité d'expériences dans un parc public plus vert[7]. »

Sur la base de ces principes, il ne pouvait donc y avoir aucune cohabitation entre le nouveau parc et un emplacement pour le Molson Indy. Marion Olivieri, une administratrice de l'Association de quartier de Hastings, décrivait la situation comme suit : « Ce qu'ils font, c'est qu'ils prennent cet espace pour acquis quand vient le temps de développer de gros événements de divertissement comme le Molson Indy. Quiconque veut faire quelque chose de gros [...] voit le terrain de la PNE comme un grand espace ouvert où les événements majeurs peuvent s'installer dans de grands immeubles, un lieu pouvant être utilisé comme bon leur semble, justement parce que c'est un si grand espace et qu'il y a beaucoup de places de stationnement et autres facilités [...] C'est tout ce qu'ils voient [quand ils regardent] le parc. »

Et c'est *exactement* ce que les dirigeants du Molson Indy ont vu. Leur proposition prévoyait l'intégration de la piste et des autres installations permanentes ou semi-permanentes à l'intérieur du nouveau parc. Lorsqu'ils se sont présentés devant la Commission des parcs, ils avaient leur propre plan d'aménagement et plusieurs projets de design pour le site. Mais tous posaient problème. Tout d'abord, la topographie accidentée du parc Hastings nécessitait de gros travaux d'aménagement et d'asphaltage pour permettre au site de répondre aux standards techniques de la piste. Les aménagement proposés utilisaient par ailleurs une partie des rues Hastings et Renfrew, en plus de nécessiter l'asphaltage de certaines parties du parc Hastings lui-même, dont une partie du sanctuaire où devait être restaurée la rivière à saumons Hastings Creek. En fait, presque tout le parc aurait été touché d'une façon ou d'une autre par la course. Comme l'expliquait Phil Heard, « Nous avons six plans pour la piste, et ils passent tous dans le parc. Certains utiliseront les rues de la ville, mais vous ne pouvez pas simplement courir autour du périmètre du parc[8]. » Cela signifiait que de gros travaux de remblayage et de nivellement devraient être effectués sur le terrain initialement prévu pour accueillir des arbres, de l'herbe et des prés, et ce, pour répondre aux besoins du Molson Indy.

Les militants n'étaient vraiment pas disposés à satisfaire le Molson Indy de cette façon. Cela est illustré clairement par les propos d'une employée du MIV qui se demandait, exaspérée, pourquoi le parc Hastings ne pourrait pas tout simplement intégrer la piste de Formule Indy et les autres installations du MIV dans les plans d'aménagement du parc: « Nous nous sommes rendus [au parc Hastings] avec six projets de piste différents afin que les résidants y jettent un coup d'œil. Mais ils ne l'ont pas fait. Ils n'étaient pas du tout intéressés. » Elle concluait avec résignation que « malgré le fait que nous avions six plans de piste différents, ils ne nous ont même pas écoutés. L'un des plans prévoyait même de ne fermer aucune rue ; la ville l'aurait aimé. Mais pas les résidants, car trop d'espace destiné à accueillir leur parc aurait dû être asphalté. [Nous] avons donc apporté des modifications à la proposition initiale. Mais ils ne voulaient même pas y jeter un coup d'œil. »

Quand les plans de relocalisation du Molson Indy ont été rendus publics, les dirigeants de l'événement parlaient souvent d'intégrer la course dans le parc. Même s'ils admettaient qu'il faudrait nécessairement entreprendre de gros travaux d'abattage et de remplissage pour niveler un terrain aussi vallonné, ils prétendaient tout de même que le résultat final serait un site qui conviendrait à toutes les parties intéressées dans le processus de planification du parc. Cela supposait, toutefois, qu'un parc et un événement de sport motorisé international impliquent le même genre de planification.

Mais les tentatives répétées des dirigeants du Molson Indy pour rassurer les résidants du quartier sur l'avenir du parc Hastings, à savoir que le fait d'y tenir la course ne compromettrait pas l'intégrité du parc, n'ont pas réussi à calmer leurs inquiétudes. Quand j'ai demandé à un résidant du quartier pourquoi la communauté était à ce point opposée au fait d'accueillir la course Indy, compte tenu du fait que l'événement ne dure que trois jours, il a répondu : « Mais vous devez vous rappeler que cette communauté vit avec la PNE depuis pas mal d'années, des décennies même. Et nous savons par expérience qu'avec les grands événements qui ont lieu sur le terrain de l'exposition ce n'est jamais, mais jamais seulement "quelques jours" de désagrément. Jamais. Ils vont venir et ça leur prendra un mois à installer leur course. Ils vont tout détruire et ériger des barrières de ciment un peu partout. Cela a un impact réel sur notre communauté. Mon enfant ne pourra même plus marcher de la maison au centre communautaire parce que leur course lui en aura bloqué l'accès, sans compter tous ces gens, le bruit et la pollution qui accompagnent la Formule Indy. »

Dans la même veine, lorsque j'ai demandé à un membre du Comité de travail du parc de commenter l'impact environnemental qu'aurait la course si elle avait lieu dans le parc Hastings, cette femme m'a répondu que le problème résidait dans le fait qu'on ne pouvait « organiser une activité dans un parc quand les deux ne peuvent coexister d'aucune façon. Avec cette course, le parc ne pourra pas être aménagé comme nous l'avons prévu. [...] Pourquoi ne vont-ils pas à Point Grey ou un endroit du genre ? La vue est spectaculaire là aussi. Mais ils semblent penser que l'est de la ville est un bon endroit pour organiser tout ce qui fait beaucoup de bruit. »

Le projet de relocalisation du Molson Indy a également reçu une réponse négative de la part des propriétaires de chevaux pur-sang du parc Hastings. De leur point de vue, « La proposition est une offense extrême [...] Les chevaux et les voitures de la Formule Indy ne peuvent cohabiter[9]. » Ce n'était pas la baisse de fréquentation de l'hippodrome que pouvait causer la course qui inquiétait les éleveurs de chevaux, mais la sécurité de plus de 1000 chevaux mis en écurie sur le site, tout près de l'endroit où la piste de course aurait dû passer. De leur point de vue, la course de démolition [*demolition derby*] qui avait lieu chaque année à la PNE était déjà assez problématique. Un événement de l'ampleur d'une course de Formule Indy aurait été intolérable, compte tenu du fait que les voitures étaient beaucoup plus bruyantes et provoquaient un bruit soutenu pendant trois jours, non pas seulement quelques heures. «Je dirais que ça va rendre [les chevaux] complètement fous», disait un représentant des propriétaires de chevaux. «Je ne pense pas que l'Association de course du Pacifique soit très enthousiaste envers tout ceci[10].» En effet, selon le président de l'Association, responsable de la course de chevaux dans le parc, «les membres de la course de chevaux [qui n'avaient pas été consultés sur la proposition de déménager le Molson Indy] ne seraient pas d'accord avec cette proposition et, en fait, s'y opposeraient vigoureusement. Suggérer qu'une course de Formule Indy puisse avoir lieu si près de 1000 chevaux démontre une ignorance totale des chevaux eux-mêmes. Cela n'a rien à voir avec l'impact que la course pourrait avoir sur la fréquentation de l'hippodrome[11].»

La réaction du conseil municipal de Vancouver et de la Commission des parcs semblait apparemment elle aussi négative. Bien qu'il disait appuyer avant tout la restauration du parc, le maire Philip Owen a aussi déclaré qu'il aimerait que la course reste en ville. Un commissaire siégeant à la Commission des parcs, David Chesman, manifestait pour sa part son opposition de manière beaucoup plus claire: «Je suis un fan de sport. J'aime la Formule Indy et les Grizzlies. Mais s'ils essaient de réaliser ce projet de relocalisation, je suis prêt à m'y opposer par tous les moyens. Posez-vous la question, si vous habitiez près du parc Queen Elizabeth, voudriez-vous de cette course automobile dans votre parc et dans votre quartier[12]?» La position du président de la Commission des parcs, Duncan Wilson, faisait écho à celle de Chesman, confirmant que la Commission ne supporterait aucun projet de course automobile en ce lieu. «S'ils veulent faire passer leur course au milieu des espaces verts ou des espaces récréatifs destinés à la communauté, ils peuvent oublier ça», disait-il. «La commission n'était déjà pas favorable à la proposition d'origine qui consistait seulement à faire le tour du parc, sans avoir à y passer[13]», comme ils le proposent maintenant.

Selon le conseiller municipal Don Bellamy, qui appuyait la présence du Molson Indy à Vancouver à cause des retombées économiques dans la région, tenir la course au parc Hastings était une idée « de fou » : « les résidents n'accepteront jamais ce genre d'idée. Molson pourrait annoncer qu'ils vont peindre tous les bâtiments en vert, ça ne changerait rien. Personne là-bas n'acceptera cette idée [14]. » Même le premier ministre de l'époque, Glen Clark, un amateur de course automobile, est entré dans la mêlée en qualifiant la proposition de tenir la course au parc Hastings « d'idée complètement stupide [15] ».

Phil Heard a tenté de calmer toutes ces inquiétudes en défendant l'idée que la présence de la Formule Indy ne compromettrait pas l'intégrité du nouveau parc, que des activités récréatives modérées pouvaient *coexister pacifiquement* avec d'autres activités plus intenses. Il soutenait que des précédents existaient, que des courses avaient déjà été sorties des rues de la ville pour être déménagées dans des parcs. Par exemple, certaines pistes aux États-Unis étaient inutilisées la majeure partie de l'année, et accueillaient une course de Formule Indy une fois par an [16].

À Détroit, par exemple, l'événement avait quitté le cœur du centre-ville à cause de la congestion causée principalement par le développement du secteur, un peu comme ce qui se passait dans le delta de False Creek à Vancouver. La course avait été déménagée du centre-ville à Belle Isle, une île servant de parc sur la rivière Détroit et qui, au dire de Heard, était « un parc passif 51 semaines par année ». À Miami, une course de Formule Indy avait eu lieu sur un site temporaire dans le centre-ville, jusqu'à ce qu'elle soit déménagée, en 1996, sur un site permanent construit sur des terres agricoles, à Homestead, en banlieue de Miami. Un employé du Molson Indy citait quant à lui le Grand Prix de Montréal (sur le circuit de la Formule Un) comme un exemple d'événement de sport motorisé international bien intégré dans un important parc urbain : « Prenez l'exemple du Grand Prix de Montréal. Où pensez-vous que ça a lieu ? Sur un ancien site olympique *et c'est un parc*. On le transforme en piste de course pour la F1, mais le reste du temps c'est un parc. C'est vrai, ils ont un casino et ce genre de choses là-bas, mais ça demeure tout de même un parc. Et regardez Détroit. Ils courent à Belle Isle et c'est un parc quand la course n'a pas lieu. L'idée, c'est que *les parcs et la Formule Indy peuvent coexister sans problème [17].* »

«Vendre» la course aux opposants

Les défenseurs du Molson Indy étaient déroutés de voir tant d'opposition à leur proposition de déménager la course au parc Hastings. Ils ont donc lancé une vaste campagne de relations publiques pour tenter de contrer les résistances à leur projet. La campagne comportait toute une variété de stratégies, allant du *chantage* aux *encouragements financiers*, en passant par les arguments expliquant les *avantages symboliques* liés à la tenue de la course dans le parc Hastings. En montant cette campagne, les défenseurs du Molson Indy ont pu compter sur l'appui d'un important réseau de fans et de bénévoles.

Le chantage

Le fait que la Formule Indy n'était ni bienvenue ni compatible avec les usages prévus dans le parc Hastings semblait n'être qu'un problème mineur pour Molson Sports et Spectacles, le commanditaire officiel de la course. « Sachant reconnaître un belle pelouse quand il en voit une », écrit Noel Hulsman, « le directeur général de la course Indy, Phil Heard, a annoncé que c'était le parc Hastings ou *"sayonara"*[18] ». En fait, afin de rallier l'élite de la ville et les amateurs de la course, les dirigeants de la Formule Indy ont rapidement commencé à scander ce qui est devenu, au cours des années 1990, un mantra corporatif maintenant trop connu : *Donnez-nous ce que nous voulons ou nous plions bagages et quittons la ville.*

L'existence d'un projet de restauration sans précédent dans le parc Hastings n'avait aucune importance. Molstar avait besoin d'une piste de course. Si les politiciens de Vancouver et les militants pour la protection du parc étaient incapables d'apprécier la contribution d'un sport motorisé de haut calibre à l'économie et à l'image de leur ville, alors d'autres villes comme Houston, Buffalo ou Savannah, qui étaient sur la liste d'attente pour accueillir l'événement, le pourraient certainement[19]. Le directeur général du Molson Indy, Phil Heard, a rappelé au conseil municipal de Vancouver et aux entreprises locales que si la course devait quitter la ville, c'est 19 millions de dollars de retombées économiques (au dire de Tourisme Vancouver et des dirigeants de la Formule Indy) qui s'envoleraient en fumée, sans compter les 500 000 dollars que la Formule Indy verse directement en taxes dans les coffres de la ville. Les organisateurs de la course ont également rappelé aux Vancouvérois la valeur inestimable d'une retransmission télévisée : environ 100 millions de foyers voyaient défiler le paysage de Vancouver en arrière-plan sur leurs écrans de télévision chaque fin de semaine de la Fête du travail. Et puis c'était aussi un événement populaire. Aucun autre spectacle en ville n'osait même rêver avoir un public si important en un si court laps de temps, ni les Grizzlies, ni les Canucks et certainement pas les B.C. Lions de la Ligue canadienne de football. Le nombre de personnes envahissant chaque année les tribunes de la course Indy pendant la fin de semaine de la Fête du travail était évalué à 160 000, dont 70 000 pour le seul jour de la finale. Tout cela, en plus des 1000 emplois temporaires créés par la course et des 2,4 millions de dollars de bénéfices pour les entrepreneurs locaux, faisait du MIV un spectacle de divertissement que peu d'élites municipales étaient prêtes à abandonner. Ces données rendent bien sûr l'événement alléchant pour les autres villes entrepreneuriales qui rivalisent maintenant férocement, comme nous l'avons noté précédemment, pour devenir des centres importants dans les domaines de la finance, de la consommation et du divertissement[20]. Aujourd'hui, des villes comme Vancouver, Calgary et Toronto, dans les traces de New York, Boston et Chicago, « ne font pas que rivaliser pour mieux se positionner au niveau régional, mais rivalisent aussi pour devenir les chefs de file en Amérique du Nord et évidemment prétendre au titre de ville internationale[21] ». Dans cet effort, être l'hôte d'un événement sportif professionnel de calibre international est essentiel. Il arrive même qu'une ville et sa banlieue soient en rivalité pour obtenir ce genre d'événement. Dans le cas qui nous intéresse, la ville voisine de Surrey a déployé d'importants efforts pour que le Molson Indy déménage dans son centre-ville.

L'invitation par la ville de Surrey d'accueillir l'événement est un bel exemple de la manière dont les promoteurs d'événements majeurs cherchent à obtenir d'importantes subventions et toutes sortes d'avantages financiers de la part des gouvernements municipaux. Les gouvernements, quant à eux, veulent à la fois les retombées économiques immédiates et les retombées à long terme qu'ils espèrent voir découler de la forte visibilité procurée par les spectaculaires événements de divertissement d'envergure internationale. Quand il a été confirmé que le Molson Indy devrait quitter son site du centre-ville situé dans le delta de False Creek, le maire de Surrey, Doug McCallum, a écrit aux dirigeants de la Formule Indy pour les inviter à tenir leur course dans sa ville[22]. Ses arguments présentaient

Surrey comme le site idéal où déménager l'événement, grâce à ses vastes terrains, ses larges rues et ses virages serrés qui donnent cette «ambiance urbaine» considérée comme un important critère de sélection du nouveau site. Comme le porte-parole du Molson Indy, Norman Stowe, l'expliquait à des journalistes: «Nous avons créé une course avec une authentique ambiance de centre-ville et c'est pour cette raison que nous pensons que la course a du succès[23].» C'est précisément sur cela que les ingénieurs de la ville ont travaillé, à la demande du maire de Surrey. Ils ont rapidement développé trois circuits potentiels, tous situés au centre-ville, qu'ils ont ensuite soumis aux dirigeants de la Formule Indy: «Grâce à nos immenses terrains au centre-ville, nous avons pu développer trois bons sites que nous pensions pouvoir utiliser et qui rendraient les gens de la Formule Indy heureux. [Phil Heard] est donc venu y jeter un coup d'œil. Nous avons passé pas mal de temps avec nos ingénieurs à analyser les trois sites pour en sélectionner un qui se trouverait au centre-ville et qui répondrait à la plupart des critères techniques de leur circuit, en tout cas à ceux indispensables à la tenue de la course. Nous nous sommes ensuite concentrés sur ce site avec Phil et son équipe technique qui a mesuré la piste et a passé en revue toutes les exigences techniques pour s'assurer qu'elle répondait bien à toutes leurs spécifications.»

Non seulement la ville de Surrey offrait ce que les autorités municipales jugeaient être un emplacement idéal en centre-ville («ils auront du mal à trouver un meilleur site», commentait un employé de la ville), mais le maire McCallum soutenait que l'appui au sport professionnel était très important dans sa municipalité. Faisant référence aux difficultés que les dirigeants de la Formule Indy rencontraient avec la communauté du parc Hastings, il expliquait que «toute la communauté était derrière [nous] [...] Nous n'avions aucun groupe qui s'opposait à notre tentative d'obtenir le Molson Indy. En fait, la vaste majorité des appels téléphoniques que nous avons reçus étaient du genre "Allez-y, il faut avoir cette course".» Et d'ajouter encore:

> Je crois que les gens, au moins à Surrey, veulent voir le Molson Indy ici. Des gens ont téléphoné parce qu'ils étaient inquiets, et je les compte sur les doigts d'une main, mais ils s'inquiétaient du bruit, pas nécessairement de la course en soi. Il n'y a eu aucune opposition sous forme de groupes organisés [comme ils ont eu] avec le parc Hastings à Vancouver. En fait, ça a été

tout le contraire ici. La Chambre de commerce de Surrey, qui représente beaucoup d'entreprises, nous a donné son appui et a fait la promotion de la course. Presque toutes les entreprises, même celles qui devraient fermer pour deux ou trois jours, en font la promotion et la *veulent*. Elles ont même écrit aux gens de la Formule Indy pour leur dire qu'elles appuyaient le projet, même si ça signifiait qu'elles devraient fermer leurs portes pour ces quelques jours.

En plus de ce prétendu engouement populaire pour obtenir le Molson Indy, McCallum, toujours dans le but d'attirer l'événement, soulignait l'énorme quantité de bénévoles habitant Surrey et leur expérience avec l'Open de golf du grand Vancouver (*Greater Vancouver Open*), un des tournois majeurs de l'Association de golf professionnel (*Professional Golf Association*, PGA). Surrey était déjà l'hôte de gros événements, soutenait-il, elle avait de l'expérience en matière de « gros spectacles » :

> Nous avons un avantage supplémentaire dont tout grand événement sportif a besoin : beaucoup de bénévoles enthousiastes. Notre population est pour la plupart constituée de jeunes gens et de jeunes familles puisque nous sommes une ville relativement jeune et en croissance. Ils ont tendance à faire beaucoup plus de bénévolat, de sorte que nous avons un énorme, vraiment énorme bassin de bénévoles. Et si nous pouvons organiser beaucoup de compétitions sportives provinciales cet été, c'est parce que nous avons ce gros bassin de bénévoles dans lequel les organisateurs peuvent puiser pour recruter ceux dont ils auront besoin pour leurs événements. C'est une des raisons pour lesquelles l'Open de golf est venu nous voir, à cause de cet énorme bassin de bénévoles dont la PGA a besoin dans tous ses tournois. Il y a des agents de sécurité, de l'aide pour les tentes, des tentes pour les rafraîchissements, et tout ce genre de choses, en plus des guides qui dirigent les gens sur le parcours. Il y a un grand nombre de bénévoles sans qui nous ne pourrions organiser ce tournoi chaque année. Toute l'organisation opère sur une base bénévole ; il y a un comité d'une centaine de personnes constitué uniquement de bénévoles. C'est ce genre d'engagement que Surrey peut apporter à une course de Formule Indy.

Mais, après tout, pourquoi vouloir décrocher le Molson Indy ? Qu'y a-t-il de si attrayant dans le fait d'être l'hôte de cet événement ?

Pourquoi vouloir le bruit, les déchets, le trafic et tous les autres petits problèmes qui l'accompagnent, et qui seraient amplifiés par le fait que la ville accueille l'Open de golf du grand Vancouver la semaine précédente ? L'*économie* et la *fabrication de l'image de la ville* en sont les motivations et elles vont de pair quand il s'agit d'événements sportifs internationaux.

Tout simplement, le maire McCallum s'était laissé convaincre par les arguments des organisateurs de la course qui ne cessaient de répéter que l'événement générait annuellement quelque 19 millions de dollars de retombées économiques pour Vancouver, sans compter les retombées non quantifiables associées au fait que l'événement était télédiffusé dans près de 100 millions de foyers de par le monde. « Je pense que l'ingrédient numéro un que la course amène est l'activité économique et l'argent des touristes », expliquait-il. « Il y a un avantage économique énorme à être l'hôte d'un grand événement sportif comme le Molson Indy. Ce serait très bénéfique pour notre communauté et nos entreprises si nous pouvions les convaincre de venir à Surrey. »

En fait, accueillir à la fois l'Open du grand Vancouver et le Molson Indy serait faire d'une pierre deux coups, affirmait McCallum, ajoutant que l'idée d'accueillir *deux* événements sportifs internationaux dans la ville en l'espace d'une semaine était terriblement excitante et incitait encore davantage les autorités municipales de Surrey à obtenir la course de Formule Indy. L'enthousiasme de Surrey pour la Formule Indy était alimenté par l'expérience de la ville avec l'Open de golf, qui attirait plus de 150 000 spectateurs pendant toute une semaine au mois d'août. Ces gens louent des chambres d'hôtel et des automobiles, mangent au restaurant, et achètent des souvenirs et des vêtements dans les commerces locaux. Ajouter le Molson Indy dans le grand dossier du sport professionnel de ligue majeure de la ville de Surrey ne pouvait que donner une nouvelle impulsion à ce genre d'activité économique.

Pour les autorités municipales, ce ne sont pas seulement les retombées économiques qui sont attrayantes, mais également le potentiel de fabrication d'image qu'offrent ces événements sportifs internationaux. Prenons l'exemple de l'Open de golf : comme tout événement qui attire des foules importantes, la ville en profite énormément, selon le maire. « Il faut que vous compreniez que ce tournoi est un *événement de niveau international*, c'est un des arrêts de la PGA auquel participent plusieurs golfeurs de renom. Et ils amènent avec eux leurs importants commanditaires corporatifs, leurs légions d'admirateurs ; franchement, beaucoup d'attention est portée à la ville de Surrey pendant cette fin de semaine, au niveau international. » Grâce à une image forte, véhiculée par les événements sportifs internationaux, une ville attire plus d'argent, car les touristes sont plus nombreux, et plus d'investissements en capitaux. Le maire McCallum, qui soutient cette manière de voir les choses, a attiré notre attention sur les avantages symboliques que tirent la ville et ses commerces en accueillant l'Open : « Ce tournoi fait de Surrey une ville incontournable dans le domaine du golf parce qu'il est télédiffusé partout en Amérique du Nord et présenté par satellite dans d'autres pays ; ça porte Surrey sur la scène internationale. Le golf est aujourd'hui un aspect majeur du tourisme, c'est un avantage énorme si votre communauté possède un parcours connu. Si en plus vous accueillez un tournoi de la PGA, alors ça ne peut que rehausser votre image. »

Invité à commenter la tentative de Surrey d'obtenir le Molson Indy, le directeur des communications de l'événement n'a pu que louer les efforts de Surrey :

> Pour ce qui est de Surrey, je pense que le maire a beaucoup de mérites. Lui et sa communauté ont vu l'opportunité et ils ont tenté de la saisir. Ils reconnaissaient non seulement les avantages financiers d'être l'hôte d'une course de Formule Indy, mais également les avantages pour l'image de leur ville. Quand votre ville est vue dans plus de 160 grandes villes autour du monde, les avantages sont énormes, comme vous pouvez l'imaginer. Le Molson Indy est un événement international, un événement vraiment international avec des équipes venant de partout dans le monde [...] Les gens de Surrey ont vu la course pour ce qu'elle était — [un outil de promotion de qualité supérieure], et ils étaient très enthousiastes à l'idée de l'accueillir parce qu'ils voyaient bien tout ce que cela pourrait apporter à leur communauté.

Le maire de Surrey était en accord avec ce point de vue : « Les grands événements sportifs comme la Formule Indy sont des outils de promotion très efficaces. Ce que la ville gagne en retour lorsqu'elle est l'hôte de ce genre d'événement, grâce à la publicité et à la couverture médiatique qui l'entourent, se traduit en retombées économiques pour les hôtels, les motels, les restaurants, les centres sportifs, les commerces au détail, tout ce genre de choses. »

Le maire de Surrey soutenait que ce lobbying intense et énergique pour obtenir des spectacles de divertissement comme le Molson Indy ne relevait tout simplement que *du bon sens économique*: « Ce que la Formule Indy fait pour la ville ? Elle apporte un sentiment de fierté, elle crée une image de la ville. » Selon lui, la population appuyait fortement la course (bien qu'il n'y ait jamais eu de consultation publique sur la question), aussi bien les particuliers que les milieux d'affaires, parce que les citoyens de la ville reconnaissaient l'importance du tourisme pour la région. Du point de vue des affaires, il affirmait: « Si vous pouvez faire en sorte que beaucoup de gens viennent dans le secteur, c'est vraiment un gros avantage car vous les voyez une fois, vous leur offrez un bien ou un service, et vous allez les voir revenir. C'est donc un avantage *énorme* d'accueillir de grands événements sportifs car ils attirent les foules. Si 200 000 personnes assistent à la course de Formule Indy pendant cette longue fin de semaine, c'est probablement 200 000 nouvelles personnes qui viennent dans le secteur pour dépenser leur l'argent mais plus important encore, ils vont aussi *revenir* pour dépenser à nouveau de l'argent, et c'est ça l'important. » C'est pourquoi les coûts associés à la tenue d'une course de Formule Indy relevaient du bon sens économique, car ils étaient engagés en tenant compte des retours sur l'investissement initial.

Le maire McCallum balayait du revers de la main les questions liées aux coûts de relocalisation de l'événement à Surrey (par exemple, les coûts en infrastructures nécessaires pour que le site réponde aux critères établis, ou pour construire un virage en épingle dans les rues du centre-ville présentement en construction [24]), ainsi que la possibilité que ces coûts pouvaient être un facteur dissuasif pour la ville. Investir des fonds publics dans la course était simplement ce qu'il en coûtait de faire des affaires: « C'est un investissement qui est de loin compensé par les retombées économiques qu'il génère. En fait, le groupe Indy assume une partie des coûts en infrastructures [...], ça fait partie des négociations pour accueillir la course, c'est là que les détails se négocient. Mais les avantages qu'apporte la Formule Indy à Surrey dépassent amplement n'importe quelle somme d'argent que nous devrions dépenser dans ce secteur. »

Les commentaires du maire de Surrey illustrent de manière concrète à quel point les événements de « niveau international » comme le Molson Indy sont considérés comme des outils promotionnels efficaces par les politiciens municipaux et l'élite des affaires. Ces outils sont jugés nécessaires pour assurer la croissance économique à une époque où la rivalité est intense pour attirer l'argent des industries du tourisme et du divertissement qui conduisent aujourd'hui l'économie locale et contribuent à la croissance urbaine. Comme le démontre le cas de Surrey, dans la plupart des cas, l'élite municipale désire à tout prix obtenir ces spectacles urbains. Sur ce point, David Whitson et Donald Macintosh soutiennent que « l'enthousiasme des gouvernements locaux et régionaux pour ces [mégaprojets sportifs] doit être considéré dans le contexte de la rivalité entre les villes pour décrocher les investissements publics et privés qui contribuent à la croissance économique[25] ». En ce sens, poursuivent-ils, l'élite régionale du monde des affaires encourage fortement les subventions publiques aux événements sportifs professionnels puisque c'est elle qui en profite le plus au niveau matériel. Ceci étant dit, « il est aussi fréquent de constater un appui général de la population pour les subventions qui vont attirer ou permettre de garder une franchise sportive, ou pour des dépenses importantes dans les installations associées aux jeux et aux expositions. Un tel appui provient des amateurs inconditionnels du sport [...] mais aussi de beaucoup d'autres personnes qui partagent moins activement l'excitation créée par les médias autour des équipes et des événements sportifs, mais qui sont persuadés qu'il est important d'alimenter le sentiment de fierté locale, de montrer aux autres ce que la ville est capable de faire. »

C'est précisément le genre d'argument défendu par les partisans de la relance économique (ceux qu'on appelle les boosters) à Vancouver et à Surrey, à travers les efforts qu'ils déploient pour accueillir le Molson Indy dans leur communauté. Selon cette logique, puisque tout le monde profite des bénéfices générés par ces mégaprojets de divertissement sportif, cela devient une *obligation* pour l'élite municipale de tenter de les obtenir et un *devoir des citoyens* d'appuyer leurs démarches. Dans le cas de Surrey, une déclaration publique de la part du maire illustre bien cet argument : « Les citoyens de Surrey ont très fortement appuyé notre tentative d'obtenir la course de Formule Indy. Je pense que nous avons clairement transmis le message suivant : *Surrey est ouvert aux affaires* et le conseil municipal et ses employés sont prêts à faire ce qu'il faut pour créer de l'emploi local et assurer la croissance économique[26]. »

Malgré les efforts concertés du maire et des employés de la ville, Surrey n'a pas réussi à décrocher la course Molson Indy. Plusieurs raisons expliquent cet échec, la principale étant le tracé de la piste que les dirigeants de la Formule Indy jugeaient irréalisable[27]. Selon le directeur général Phil Heard, « L'esthétique n'y était pour rien. Le secteur du parc Gateway offrait une belle toile de fond. Mais techniquement, ça n'allait pas[28]. » Le site qui était proposé aurait encerclé trop de commerces et de maisons résidentielles, ce qui le rendait tout à fait impraticable non seulement durant la fin de semaine de la course, mais aussi plusieurs jours avant la course. « Dans notre cas », explique le maire McCallum, « nous avions, je crois, 30 ou 35 importants commerces de détail et toutes sortes d'entreprises coincés au beau milieu de la piste et nous devions trouver un moyen de traverser la piste pour permettre l'accès à ces commerces. » Heard présente ainsi le problème :

> Le tracé qu'ils ont dessiné et qu'ils ont tenté de nous faire accepter comptait quelque chose comme 170 entreprises et 70 résidences à l'intérieur de la piste. Un des gros avantages de notre site actuel dans le delta de False Creek est que lorsque nous commençons à ériger des barrières de ciment et des clôtures, vous pouvez faire venir une équipe de travailleurs et ils peuvent en faire une grande partie sans être obligés de s'interrompre pour laisser passer les résidants et tout le reste. Puis, le jeudi avant la fin de semaine de la course, quand nous fermons les rues, tout ce que nous avons à faire est de « boucler » le tout, vous voyez, fermer les accès pour les rues qui se trouvent sur le site — c'est aussi simple que de boucler la ceinture de votre pantalon. C'est ce que nous appelons le « bouclage du site » [...] Mais avec le site de Surrey, nos clôtures et barrières les plus longues auraient été dans bien des cas sectionnées en tronçons de six mètres de long à cause de toutes les ouvertures qui devaient être faites pour les parcs de stationnement, pour permettre aux gens d'avoir accès à leur maison, et d'autres choses du genre. Ça aurait été incroyable. Nous aurions dû fermer les rues probablement le dimanche d'avant, soit quatre jours plus tôt que la normale, pour commencer à boucler la piste.

À cause de ce problème d'accès, et compte tenu des compensations énormes que Molstar aurait dû verser aux entreprises et aux propriétaires des maisons touchés, le site de Surrey n'était pas du tout rentable. Sans compter que la circulation routière dans le secteur touché aurait causé énormément de problèmes avant la course, durant la phase de « bouclage » de la piste, obligeant les travailleurs à constamment ouvrir et fermer les clôtures servant à éloigner les spectateurs de la piste. « Nous ne pouvions tout simplement pas tenir la course là-bas, malgré tous les arguments de poids qu'ils nous ont présentés », concluait le directeur des communications du Molson Indy. « Le problème avec le site de Surrey était à la fois l'accès des transports au centre-ville, et la fermeture de toute une série de commerces. C'est ce qui rendait [le site proposé] irréalisable. Mais nul doute que le maire de Surrey a fait un gros effort. »

Le maire McCallum ne s'est pas laissé démonter. Dans une entrevue accordée quelques mois après l'échec des démarches pour décrocher le Molson Indy, il a été très clair sur le fait que les autorités de Surrey profiteraient des prochaines années et chercheraient de nouveau en 2001 à obtenir le Molson Indy.

> La course de Formule Indy est un événement majeur et nous tenons vraiment à ce qu'il ait lieu ici. Donc, oui, nous allons tenter de l'obtenir quand l'occasion se présentera à nouveau. Ils ont seulement le nouveau site du delta de False Creek pour quelques années et ensuite ils devront trouver un autre site, plus permanent. Et puis, avec la croissance de notre ville, nous avons un bassin de spectateurs énorme en ville, ce qui signifie qu'ils auront plus de spectateurs qu'ils n'en ont jamais eu à Vancouver. Nous avons donc tous les avantages dont ils auront besoin à l'avenir, de sorte que je prédis que nous allons décrocher la course et que ce sera probablement en 2002 ou 2003 [...] C'est définitivement quelque chose que nous allons suivre, et pour lequel nous serons prêts le moment venu. Nous allons garder contact avec les gens de la Formule Indy, et nous leur rappellerons que nous avons le meilleur site pour eux.

En résumé, comme le suggérait un éditorial du *Vancouver Sun*, le message peu subtil de la machine publicitaire du Molson Indy était le suivant : « C'est le site que nous demandons ou nous partons » [*It's our race way or the roadway*[29]]. Tour à tour menaçants et flatteurs, les dirigeants de la course parlaient avec conviction de toutes ses retombées économiques, et ajoutaient que tout cela serait perdu si les gens du secteur du parc Hastings ne donnaient pas leur accord, compte tenu du fait que plusieurs villes nord-américaines se bousculaient au portillon et salivaient à l'idée d'accueillir une course de Formule Indy, en particulier Surrey, la voisine immédiate de Vancouver. Comme l'expliquait le directeur des communications de la course : « Si les difficultés que nous avons rencontrées au parc Hastings ont servi à quelque chose, c'est à cristalliser le problème de la manière suivante : Écoutez, si nous n'avons pas de course à Vancouver, quelqu'un d'autre nous l'arrachera des mains. »

Les gens de Molson Sports et Spectacles n'étaient en général pas prêts à admettre qu'ils avaient recours au chantage. De leur point de vue, ils ne faisaient que présenter les faits aux Vancouvérois dans le but de gagner leur appui. Selon le directeur des communications de la course, « Mais ça ne s'est pas produit et ça ne se produira pas. Et je crois que le fait de sentir la pression, du genre "Vous faites ce que nous voulons ou c'est terminé" n'était pas du tout l'intention des organisateurs de la course. C'était plutôt le contraire. Car il y a tant de villes sur la liste d'attente pour une course de Formule Indy, des villes comme Houston au Texas, ou Savannah en Georgie ; *vous pouvez sentir leur souffle dans votre cou.* Nous savions qu'elles attendaient que le Molson Indy de Vancouver échoue dans sa tentative de trouver un nouveau site ; c'était leur chance d'obtenir les droits de cette franchise. C'est donc ce que nous avons tenté d'expliquer aux gens. »

Brent Scrimshaw, le président de Molstar, réitérait : « À aucun moment dans le processus nous ne menacerons de quitter Vancouver. Nous avons fait preuve de transparence et avons été honnêtes dans notre façon de mener ce dossier. Une fois que nous aurons exploré toutes les possibilités, si nous échouons dans notre projet [de déménager la course au parc Hastings], alors, à ce moment seulement, nous devrons peut-être considérer le fait de quitter les lieux. Mais les menaces ne font pas partie de la stratégie[30]. »

Néanmoins, les efforts de Molstar étaient perçus par plusieurs membres de la communauté comme du chantage pur et simple, comme des menaces évidentes, et ils ont réagi en conséquence. « Une des choses qui a vraiment fâché la communauté locale était le chantage », expliquait un membre du Comité de travail du parc Hastings, faisant référence à la rhétorique « le parc Hastings ou rien du tout » qui flottait dans l'air. « Beaucoup de gens à qui j'ai parlé disaient qu'ils avaient l'impression qu'on les faisait chanter. Je ne veux pas tuer la Formule Indy. Je pense simplement qu'il y a d'autres emplacements qui pourraient fonctionner[31]. » Alan Scales, militant communautaire, était également peu impressionné par la rhétorique des organisateurs, la rejetant du revers de la main : « Ils menacent de retirer la course en jouant sur le fait que Vancouver est une ville de niveau international. Je pense que le fait qu'une ville soit ou non de niveau international dépend de ses parcs, pas d'une course automobile[32]. » *intéressant...*

Avantages financiers

Quand il est devenu évident que le chantage à lui seul ne suffirait pas pour gagner l'appui des partisans du parc et des militants de la communauté, Molstar a changé sa stratégie et plutôt tenté de gagner l'appui de la communauté en lui faisant miroiter divers avantages financiers ou « cadeaux », comme les qualifiait un résident indigné. Dans les faits, ils ont tenté de toucher le cœur, l'esprit et le porte-feuille des membres de la communauté. « Nous espérons que la pre-mière réaction [d'hostilité envers la présence de la Formule Indy au nouveau parc Hastings] était émotive. Cette proposition changera peut-être quelque chose[33]. » Comme l'expliquait le directeur géné-ral du Molson Indy lors d'une entrevue : « Notre approche était la suivante : regardez, ça va prendre beaucoup, beaucoup de temps et d'argent pour construire le parc qu'ils veulent ; c'est un projet qui s'échelonne sur au moins 20 ans et ça risque de coûter 40 millions de dollars une fois terminé. Et nous pensions que nous pourrions pro-bablement réduire cela de moitié, car nous proposions de financer beaucoup de choses, exigeant en retour de pouvoir tenir la course dans le parc. C'était donc en gros notre approche. »

À cette fin, Molstar a annoncé qu'un certain nombre d'avantages allaient être offerts aux résidants du secteur de Hastings-Sunrise en échange de leur appui au projet de relocalisation de la course au parc Hastings. Le tout a commencé par une promesse de distribuer 3000 billets à prix réduits et un laissez-passer gratuit d'une journée. La société a également promis de « considérer » d'abord les résidants du secteur pour les 1300 emplois à temps partiel créés par la tenue de la course ; des emplois manuels, pour la plupart, qui consistaient à monter et démonter les installations liées à la course comme les tribunes, les sièges, les barrières de béton et quelque sept kilomètres de clôture pour garder les spectateurs à l'extérieur de la piste.

L'avantage financier de loin le plus significatif offert par Molstar était de l'argent pour un fonds de restauration du parc, généré à partir d'une surcharge spéciale sur le prix des billets (une entente similaire à celle que les responsables des courses de chevaux ont conclue avec la ville dans le cadre de leur bail de location du site, et selon laquelle ils doivent verser à la ville une portion du total des paris d'une saison). Les revenus additionnels seraient certainement les bienvenus puisque, en plus des coûts engendrés pour verdir le parc, les frais d'exploitation et d'administration du parc risquaient d'être élevés. Les frais d'exploitation du nouveau parc Hastings. étaient difficiles à évaluer avec précision à ce stade. Par contre, le parc Queen Elizabeth, qui compte environ 20 % d'espaces verts de plus que le parc Hastings, donnait un repère utile à la Commission des parcs et loisirs de Vancouver. Les frais annuels pour entretenir les espaces verts (en excluant le *Conservatoire Bloedel* et le *Seasons Restaurant*) y étaient d'environ 900 000 dollars, ce qui laissait croire que le budget d'exploitation pour ceux du parc Hastings seraient d'environ 700 000 dollars. En plus, il fallait prévoir les frais d'exploitation des immeubles en place, estimés à 500 000 dollars pour les trois immeubles rénovés et à 250 000 dollars pour l'*Agrodome*[34].

La vitesse à laquelle le parc serait restauré dépendait principalement de l'argent disponible pour le projet. Nous avons demandé à un membre du Comité de travail du parc Hastings d'expliquer d'où proviendrait tout cet argent :

> L'hippodrome du parc Hastings fait partie du secteur et est inclus dans les plans d'aménagement. Chaque année nous recevons une partie de leurs revenus, une forme de loyer. Les quelque 1,5 million de dollars que nous obtenons d'eux annuellement aideront certainement. Cinq millions de dollars additionnels ont aussi été alloués au projet par référendum. Évidemment, ce sont les contribuables qui paieront pour ça, comme ils le font avec tous les parcs qui sont aménagés [...] Beaucoup de fondations sont également prêtes à faire une contribution. Nous espérons pouvoir compter sur elles pour nous aider à réaliser le projet. La Fondation canadienne de l'arbre, par exemple, et aussi un groupe de pêcheurs que nous espérons voir contribuer à un programme d'élevage du saumon puisqu'il y aura une rivière à saumons dans le parc. Nous pensons pouvoir accomplir ce que nous souhaitons d'ici les 20 prochaines années.

Selon le Projet de restauration, le coût d'investissement était d'environ 45 millions de dollars (en dollars de 1997). Le financement devait provenir de deux sources principales : 4,5 millions de dollars du plan d'investissement de 1994-1996 de la ville de Vancouver ; le reste du loyer des courses de chevaux, estimé à environ 1,5 million de dollars par année, mais qui fluctue d'année en année selon le montant total des paris. Pour les 22 années précédant la fin du bail, cela totalisait près de 40 millions de dollars (en dollars de 1997). D'autres sources de financement étaient à l'étude, notamment des programmes gouvernementaux comme le Programme d'infrastructures fédéral-provincial, le Fonds pour l'habitat du saumon urbain (*Urban Salmon Habitat Fund*) et des fondations et corporations privées[35].

Le directeur général du Molson Indy, Phil Heard, s'est servi des coûts élevés du Projet de restauration du parc comme élément de négociation. Plus spécifiquement, Molstar a offert d'augmenter de cinq dollars le prix d'entrée de la course et de transférer les recettes additionnelles dans le fonds de restauration du parc. Il a aussi offert de signer une entente d'un an avec la communauté, qui l'obligerait à verser un loyer pour ses installations au parc Hastings — une entente similaire à celle obtenue par l'Association des courses du Pacifique pour ses installations.

Une employée du Molson Indy qui applaudissait les efforts des membres de la communauté pour garder leur parc, tout en estimant qu'ils devaient être « réalistes » étant donné les coûts élevés du Projet de restauration, expliquait la logique de cette stratégie de la façon suivante : « Vous voyez, je comprends ces gens du parc Hastings. Ils se sont battus pendant de nombreuses années pour que la ville désigne ce terrain comme parc. Et si j'avais participé à cette bataille dans ma communauté, je ne serais pas si prompte à le laisser aller non plus. Mais d'un autre côté, nous parlons d'un projet qui s'échelonne sur 20 ans et tout ce que nous entendons de la part de la ville c'est qu'il n'y a pas d'argent. D'où l'argent proviendra-t-il ? »

Ce qu'il faut lire entre les lignes, ici, c'est que la meilleure chose à faire pour les militants du parc était de travailler *avec* les gens de Molstar, pas contre eux. Du point de vue de cette employée, donner son appui au projet de relocalisation de la course en échange de certains avantages pour la communauté était une forme de bon sens économique, ce qui n'est pas sans rappeler les arguments utilisés par l'élite municipale, lorsqu'elle est appelée à justifier sa quête d'un événement sportif professionnel, souvent très coûteux financièrement et socialement pour l'économie locale. Elle poursuivait ainsi : « Tout bien réfléchi, ce qu'ils doivent faire c'est s'asseoir avec nous, écouter ce que nous avons à offrir et voir s'il est possible d'arriver à une entente avec le groupe Indy. Ainsi, ils obtiendront plus rapidement ce qu'ils veulent, et ne vivront avec notre course que trois jours par an. »

Norman Stowe, directeur des communications du Molson Indy, a élaboré sur ce point, soutenant qu'un éventuel manque de fonds publics pour achever un projet de restauration de cette envergure pourrait être comblé par un partenariat entre le Molson Indy, la ville et les partisans de la restauration du parc : « Le fait est que les organisateurs de la course étaient prêts à contribuer de manière significative au projet de réaménagement du parc Hastings parce que nous savons que l'argent des recettes fiscales est rare. La course aurait donc pu apporter une contribution significative de plusieurs millions de dollars pour accélérer l'aménagement du parc, pour que tout se déroule plus rapidement qu'avec seulement les recettes fiscales. Nous aurions pu injecter un montant d'argent significatif dès les débuts pour aider à démarrer les travaux plus rapidement. »

De son côté, le directeur général de la course, Phil Heard, soutenait que ces divers avantages n'auraient pas dû être interprétés comme une façon d'acheter les gens, mais plutôt comme le geste responsable d'un citoyen corporatif; la démonstration que la société Molstar était prête à donner quelque chose à la communauté en retour de son appui au projet. « Nous voulons montrer que nous pouvons être flexibles », disait-il aux journalistes, « que nous pouvons écouter la communauté et calmer ses inquiétudes[36] ». Malgré tout, beaucoup de résidants ont accueilli avec mépris et dérision ce qu'ils considéraient être une tentative, de la part de Molstar, de les acheter. En fait, le ressentiment à l'égard de la stratégie de Molstar était palpable dans beaucoup des commentaires émis en réaction à ces dernières offres. « C'est un coup bas », se plaignait un membre du Comité de travail du parc. « Ils essaient de tordre le bras des gens et de les forcer à adopter leur manière de penser avec leurs cadeaux[37]. » « Cette communauté ne se laissera pas intoxiquer par Molstar », disait un résidant du quartier à propos de la promesse du commanditaire officiel de distribuer des billets gratuits, des emplois et de l'argent pour la restauration du parc[38]. Et un autre de dire : « Ils n'ont pu toucher le cœur et l'esprit des gens, donc ils essaient de toucher leur portefeuille. Ils essaient d'acheter les gens[39]. »

Par ailleurs, l'offre de Molstar de contribuer financièrement aux programmes de développement communautaire et au Projet de restauration du parc a été rejetée comme étant trop négligeable pour que la communauté donne son appui au projet de relocalisation du Molson Indy. Pour être plus précis, les militants soutenaient que l'argent ne valait pas tout ce trouble. « Cette somme de 200 000 dollars [que le Molson Indy fournirait] est ridicule, vraiment », disait un militant du parc. « Cet argent est une goutte d'eau dans l'océan [...] Aménager un parc coûte beaucoup d'argent ; ce projet que nous avons entre les mains et dont la mise en œuvre s'échelonne sur environ 20 ans coûte 40 millions de dollars. Cela inclut les coûts de construction d'un pont permettant d'atteindre le parc New Brighton situé sur la rive de la baie, et toutes les infrastructures, ainsi qu'un corridor qui traversera le secteur de l'hippodrome de manière à ce qu'en passant d'un parc à l'autre le long des quais vous puissiez regarder les chevaux à l'entraînement. C'est vraiment très beau, beau à en couper le souffle [...] Ce sera le deuxième plus grand parc de Vancouver. Qu'une piste de course automobile pourrait s'y installer est donc tout simplement impensable. »

Au sujet des emplois promis par Molstar, un résident émettait l'avis suivant : « Ils ont commencé avec une grosse campagne de distribution de tracts dans le quartier. Ils faisaient des promesses générales, pas seulement à nous mais à l'ensemble de la communauté locale. Ils nous disaient : "Pensez à tout l'argent que le Molson Indy apportera dans votre communauté". Ils affirmaient que la ville bénéficierait de l'argent généré par l'événement. Oui, la ville, mais pas le quartier. Ils parlaient de tous les emplois qui seraient créés. Mais ils ne disaient rien sur le genre d'emploi ; ils appelaient cela des "possibilités d'emploi". Des possibilités d'emplois pour les jeunes, disaient-ils dans ce petit dépliant qu'ils ont distribué. »

Une autre résidante du quartier a soulevé de bons arguments sur la nature des emplois requis pour un événement temporaire comme le Molson Indy, affirmant que leurs caractéristiques principales étaient d'être à durée limitée, mal payés et sans qualifications. « En effet, si vous considérez que donner aux gens la possibilité de passer la fin de semaine à vendre des espaces de stationnement dans les arrière-cours

→ Est-ce que le refus était par principe, comme symbole de la contre-force de la communauté contre la machine capitaliste...

est une forme de "création d'emploi", alors je suppose que la course crée de l'emploi. Mais je n'arrive pas à voir quel impact positif cette course peut avoir à long terme en matière de création d'emplois *réels*. [Ce que je vois] c'est beaucoup d'emplois dans les services, ou des emplois temporaires pour monter et nettoyer, ce genre de trucs. Mais ne me dites pas que cela crée de vrais emplois. »

Une autre militante questionnait cette prétention de Molstar à créer des emplois temporaires pour les membres de la communauté de Hastings-Sunrise. Elle faisait remarquer qu'il existait une armée de bénévoles, fournissant des milliers d'heures de travail gratuitement aux organisateurs, accomplissant exactement le genre de travail non spécialisé que l'on promettait aux résidants du quartier.

> Franchement, ils ont rendu les gens furieux parce qu'ils insistaient sur le fait que cela créerait des emplois, qu'ils s'assureraient que des gens de la communauté seraient embauchés pour aider à monter les installations pour cette course, et c'est tellement ridicule parce que nous savons que les gens qui aident à préparer le site de False Creek sont pour la plupart des bénévoles qui sont aussi des amateurs de la course ! Les gens veulent travailler comme bénévoles pour la course et, bien sûr, lorsque la course commence ils peuvent voir toutes les voitures et tout, vous savez, ils ont la chance de faire partie du spectacle. C'était tellement ridicule d'essayer de nous vendre l'idée de la course de cette façon. [...] Cette course n'allait donc évidemment créer aucun emploi réel, rien de significatif. Penser que nous étions trop bêtes pour comprendre cela est vraiment ridicule et insultant.

Finalement, l'administratrice de l'Association de quartier de Hastings, Marion Olivieri, a bien résumé le ressentiment général à l'égard des avantages financiers et des cadeaux que faisait miroiter Molstar : « Nous avions l'impression qu'ils essayaient de nous acheter et je connais beaucoup de gens qui disaient : "Écoutez bien, nous ne sommes pas stupides". Vous savez, ces gens du groupe Indy semblaient avoir en tête que c'était un cadeau si merveilleux pour notre secteur que cela ferait diversion et que nous ne serions même pas assez intelligents pour comprendre que cela ne contribuait en rien au bien-être de la communauté. Je crois que c'est une chose que beaucoup de résidants ont très mal digérée. »

Les avantages symboliques

C'est devenu un lieu commun dans le milieu des experts en développement municipal de penser que les mégaprojets sportifs comme celui du Molson Indy jouent un rôle clé dans le processus de cadrage d'une ville pour la présenter comme une ville internationale. Les commentaires du maire d'Indianapolis illustrent bien cette idée quand il parle du déménagement des Colts de Baltimore de la Ligue nationale de football : « Oui monsieur, nous roulons maintenant à toute vapeur. C'est merveilleux pour notre communauté. Le fait d'être un symbole des ligues majeures fait monter en flèche l'image de la ville au niveau national et remonte le moral au niveau local. Nous voulons que les gens s'assoient et disent "Mon Dieu, ça va vraiment bien pour cette ville" [40]. » C'est ce à quoi pensaient les organisateurs du Molson Indy lorsqu'ils disaient que la course sert d'outil promotionnel pour la production et la diffusion de l'identité de Vancouver et l'orientation de son développement.

C'est une idée fort populaire et susceptible d'être bien accueillie par l'élite locale des affaires. Pour revenir sur un point mentionné plus tôt, les décideurs politiques et économiques des villes entrepreneuriales d'Amérique du Nord considèrent de plus en plus que le fait d'attirer les spectacles sportifs relève simplement du bon sens économique et culturel. *C'est bon pour la ville, ça l'élève sur la scène mondiale. Le sport professionnel est bon pour les affaires, pour la création d'emplois et pour le tourisme ; tout le monde y gagne* — ainsi va l'argument.

Sur ce dernier point, Kimberley Schimmel soutient que les campagnes de fabrication d'image et les stratégies de boosterisme, construites autour des équipes et des événements sportifs professionnels, ont pour but de légitimer les actions des groupes d'intérêts œuvrant à la croissance urbaine, en présentant ces événements comme nécessaires à l'amélioration de la communauté en général. Dans ce contexte, le concept de boosterisme renvoie à une activité calculée, « à une campagne qui ne cherche pas seulement à promouvoir les intérêts de la classe dominante, mais également à légitimer les solutions politiques apportées aux "problèmes" urbains en fabriquant un consensus symbolique (c'est-à-dire, en masquant le conflit au cours du processus de réaménagement) ». Cela permet aux leaders municipaux de tout acabit (affaires, politique, culture) de faire la propagande de ce qu'est un « bon climat pour les affaires » ou une « bonne qualité de vie », selon leur propre vision. C'est précisément ce genre de consensus que les promoteurs du Molson Indy recherchaient dans leurs diverses tentatives pour gagner l'appui populaire en faveur du projet de déménager la course au parc Hastings.

Un tel boosterisme, écrit Schimmel, « ne fait [donc] pas que fabriquer un consensus symbolique sous la bannière des partisans de la croissance ; il fait aussi la promotion auprès des capitaux privés d'un certain climat local favorable aux affaires, encourageant ainsi les investissements futurs ». À cette fin,

> Les campagnes de croissance et de fabrication d'image vont de pair. Si elles sont réussies, elles se renforcent et se perpétuent mutuellement ; c'est-à-dire que pour stimuler le développement (la croissance), le gouvernement local (les entrepreneurs publics) offre des incitatifs (des terrains, des abattements d'impôt, des subventions, des obligations, etc.) qui atténuent le fardeau fiscal et minimisent les risques financiers des capitaux privés. En absorbant certains coûts d'investissement, le gouvernement local contribue à augmenter l'accumulation des capitaux privés (profits) ou réduit leurs pertes... Quand il y a un investissement en capital, particulièrement si le capital passe d'un lieu à un autre, cela alimente les campagnes de boosterisme en suggérant au public que les incitatifs créés par le gouvernement local, de toute évidence, fonctionnent. Cela attire également l'attention des autres investisseurs qui envisagent peut-être de prendre certaines décisions de désinvestissement ou de réinvestissement[41].

En utilisant ce genre de stratégie boosteriste, le directeur général du Molson Indy soulignait les avantages symboliques pour la ville et pour la communauté de Hastings-Sunrise d'être l'hôte de la course, affirmant qu'elle servirait d'outil promotionnel pour donner au parc une visibilité mondiale. Il s'agit donc ici d'un *exercice de fabrication d'image*. Et cela ressemble étrangement à la stratégie utilisée pour convaincre la ville de continuer d'accueillir l'événement sur son site actuel au centre-ville : la Formule Indy serait un outil pour promouvoir Vancouver en tant que ville de niveau international grâce aux divers discours qui entourent l'événement. Le groupe Indy aiderait donc prétendument le parc grâce à un exercice de « fabrication d'image » similaire à celui utilisé pour promouvoir la ville comme ville internationale.

Heard soutenait que si les résidants du secteur et les militants du parc donnaient leur appui au projet de relocalisation de la course, le profil du parc en bénéficierait grandement : « Certains parcs mettent des décennies avant de développer un profil communautaire. En accueillant le Molson Indy de Vancouver, le parc Hastings sera instantanément reconnu, tant ici qu'ailleurs dans le monde[42]. » Pensons seulement à la couverture télévisuelle qui en ferait la promotion. Grâce à la télédiffusion de la course dans 100 millions de foyers de 108 pays à travers le monde, nous assisterions à la promotion du « nouveau parc » de l'est de Vancouver, sa longue histoire, ce à quoi il ressemblera une fois les travaux de réaménagement terminés, sans oublier la promotion du tourisme et des courses de chevaux à l'échelle mondiale.

Ne pas accueillir l'événement reviendrait à perdre non seulement un stimulant économique immédiat, mais aussi un outil promotionnel vital. Comme le déclarait un résidant du quartier qui appuyait le projet de relocalisation de la Formule Indy : « C'est un événement de niveau international, nous parlons de beaucoup d'argent pour la communauté et cette communauté inclut mon quartier. Si nous perdons cette offre de relocalisation et la laissons aller dans le secteur est, à False Creek, je vous le dis tout de suite, nous n'aurons plus aucune course de Formule Indy nulle part en ville[43]. »

Joindre les bénévoles au discours promotionnel

L'Association des bénévoles de la course automobile de Vancouver (*Race Event Volunteers of Vancouver*, REVV) est « le groupe de bénévoles officiel » du Molson Indy. Le REVV est un organisme à but non lucratif qui, selon sa charte, « existe dans le but de recruter, de former et de regrouper des bénévoles, de même que pour représenter leurs droits et faire la promotion de l'action bénévole. Son but premier est de soutenir la tenue du Molson Indy de Vancouver [dans le delta de False Creek][44]. » Créé en 1990, après la tenue de la première édition de la course, le REVV compte maintenant environ 600 membres. Pour faire partie de l'association, les recrues doivent payer une cotisation annuelle de 15 dollars et fournir un minimum de 30 heures de travail bénévole avant, durant ou après la course. Tous doivent également assister à une rencontre d'information avant la fin de semaine de la course pour connaître la tâche qui leur sera assignée et être disponibles pour travailler chaque jour de la fin de semaine de la course (du vendredi au dimanche)[45].

Les bénévoles du REVV sont responsables de toute une série de services essentiels non seulement durant la fin de semaine du Molson Indy, mais également durant les semaines qui précèdent et qui suivent l'événement. Ils sont responsables du contrôle des foules, ils apportent leur aide au centre des médias, assurent le service dans les loges pour les personnalités, travaillent dans les tribunes et les kiosques d'information, et soutiennent les divers commanditaires corporatifs. Ils contribuent aussi à ce que la piste et les installations soient pleinement fonctionnelles avant et durant la fin de semaine de la course. Pour ce faire, ils sont chargés de l'entretien des clôtures et des barrières de sécurité, de la préparation du site (balayer, désherber, enlever les roches et débris), de l'installation des panneaux de signalisation, du contrôle des équipements et des véhicules qui circulent sur le site, de la peinture et de divers menus travaux d'entretien. Un autre secteur clé pris en charge par le REVV est celui du transport des personnes (personnel technique, dirigeants de la course, journalistes) et du matériel nécessaire à la production de la course.

Tout ce travail représente une énorme économie d'argent pour Molstar, le commanditaire officiel de l'événement, qui bénéficie de milliers d'heures de main-d'œuvre gratuite, comme le prouve cette exclamation du directeur général : « Mon Dieu, ils nous font économiser une tonne d'argent ! Ils sont sans aucun doute possible importants pour l'événement. Nous n'avons pas ce genre de bénévolat à Toronto [pour la course du Molson Indy qui y a lieu]. Nous avons évalué ce que nous économisons et même s'il nous en coûte 130 000 dollars pour faire rouler l'organisme (ce qui inclut les chandails, la nourriture pour la fin de semaine de la course, les rencontres sociales, l'embauche d'une coordonnatrice à temps plein, ce genre de frais d'exploitation), ces mêmes services nous coûteraient entre 180 000 dollars et 200 000 dollars à Toronto pour embaucher tout le personnel nécessaire, avec les placeurs et ceux qui contrôlent les laissez-passer. » Et de conclure en ces termes : « C'est très difficile de mettre un chiffre sur tout ce qu'ils font pour nous. Je veux dire, avec toute la promotion et les événements spéciaux qu'ils aident à organiser, je ne pourrais jamais payer toute cette main-d'œuvre. » Confirmant ces propos, un autre employé du groupe Indy dit : « Nous n'y arriverions pas sans eux. »

La contribution du REVV au Molson Indy ne se limite pas à la fin de semaine de la course. L'association apporte également un soutien essentiel tout au long de l'année, car ses membres sont des militants fanatiques, des *prosélytes* qui font la promotion de la course dans la communauté ; ils ne cessent de dire à quel point c'est un grand événement, à quel point c'est amusant d'assister à un événement aussi spectaculaire, à quel point c'est important pour l'économie et la culture populaire de Vancouver, etc.

Le directeur des bénévoles exprime bien cette idée lorsqu'il dit : « C'est difficile de ne pas vouloir acheter un billet ou devenir bénévole quand vous voyez l'excitation et l'enthousiasme avec lesquels ils vous racontent leur expérience de la course. » Comme le dit le directeur général du Molson Indy : « Ils adorent se vanter du fait qu'ils font partie du REVV et du Molson Indy de Vancouver ; ils adorent ça. » C'est une excellente publicité, comme le confirme le directeur des communications de l'événement, en disant que les membres du REVV sont « pour la course comme des panneaux publicitaires sur deux jambes. Et le travail qu'ils font en dehors de la tenue de la course est également très important pour les relations que le Molson Indy entretient avec la communauté, car, peu importe ce qu'ils font, ils sont liés à la course, c'est la cause à laquelle ils adhèrent. »

Il faut également considérer le fait que le REVV s'implique dans bon nombre d'événements culturels et sportifs à Vancouver. Cela fait partie du soutien essentiel offert durant toute l'année au Molson Indy. La coordonnatrice des bénévoles, Christine Henderson, explique que, depuis sa création, le REVV est le meilleur groupe de bénévoles en ville et que, pour cette raison, plusieurs organisateurs d'événements spéciaux font appel à ses services tout au long de l'année. « Le REVV est un organisme dont nous [les dirigeants du Molson Indy] sommes très fiers. Non seulement ses membres font un excellent travail durant la fin de semaine de la course, mais ils font aussi la promotion de la course partout en ville tout au long de l'année, dans divers kiosques promotionnels [et lors d'événements spéciaux][46]. » Je lui ai demandé de donner plus de détails sur la manière dont le REVV fonctionne, comment il décide de s'impliquer auprès d'un organisme et quel genre d'aide il est en mesure d'offrir :

> Nous avons un comité permanent appelé Événements et festivals [*Festival Events*]. Ce comité supervise le regroupement et

le déploiement de bénévoles ailleurs qu'au Molson Indy. Prenez
par exemple la course du *Vancouver Sun*. Les organisateurs de
la course veulent notre aide, ils nous téléphonent et nous disent,
« nous avons entendu dire que vous avez d'excellents bénévoles
et nous aimerions en avoir quelques-uns pour nous donner un
coup de main ». Alors, je leur envoie un formulaire de demande
d'aide bénévole qu'ils remplissent en donnant les informations
sur le nombre de bénévoles dont ils ont besoin, les heures de
travail et la nature des tâches que les bénévoles devront effectuer,
s'ils seront nourris, si on leur fournira chandail, chapeau, etc. Le
REVV a un code général de conduite et ils doivent nous dire si
cela leur cause problème ou non. Nous voulons également connaître leurs commanditaires.

Toute cette information est ensuite transmise au comité exé-
cutif. Nous décidons si nous voulons que le REVV s'associe à
l'événement, etc. Nous prenons une décision. Et ensuite le dossier
est remis entre les mains du comité Événements et festivals. Nous
leur fournissons toute l'information dont ils ont besoin et ils font
le nécessaire pour commencer à s'organiser, rejoignent les bénévoles, s'informent des lieux où les gens devront être et quand,
quelles seront leurs tâches. Et nous déployons nos membres en
conséquence.

En plus de la course du *Vancouver Sun*, un marathon annuel
visant à recueillir des fonds pour les œuvres charitables, les membres
du REVV ont contribué à la réalisation d'événements comme la compétition internationale de feux d'artifice « Symphonie de feu » Benson
and Hedges et le téléthon du *Variety Club* pour lequel ils recevaient
les appels téléphoniques. « Cette année [1997], nous étions au 10e an-
niversaire de "L'homme en mouvement" (*Man in Motion*) de Rich
Hansen, à la course du *Vancouver Sun* et au Marathon international
de Vancouver. Ils vont aussi à Squamish pour travailler sur le rallye
automobile "Le tonnerre dans les rues" (*Thunder in the Streets*). »

Ce sont là des événements très en vue qui profitent d'une grande
couverture médiatique, de sorte que la présence du REVV à chacun
de ces événements est une excellente publicité pour le Molson Indy.
L'impact promotionnel cumulatif est important puisque le groupe
de bénévoles est directement associé à l'événement. « Le REVV est
présent à tous les événements majeurs à Vancouver et le Molson
Indy en est fier. Ses membres se présentent bien et sont d'excellents
ambassadeurs pour notre course. »

En fait, les membres du REVV sont non seulement « d'excellents ambassadeurs » pour la course, mais aussi pour la ville de Vancouver elle-même. « Je pense vraiment que nous sommes les ambassadeurs de la ville de Vancouver », disait un bénévole avec beaucoup d'enthousiasme[47]. Tous s'accordent à dire que leurs efforts améliorent l'esprit communautaire de Vancouver et l'image du Molson Indy en tant que bon citoyen corporatif[48]. Quand je lui ai demandé d'élaborer sur cette idée, le directeur des communications de l'événement a ajouté : « Un autre point important ici est que la course porte le nom de la Brasserie Molson et que Molson est très soucieuse de ses relations avec la communauté, soucieuse de son image. Lorsqu'ils parlent aux commanditaires de la course de Vancouver, les gens de Molson sont très clairs sur le fait que faire partie de la communauté est important ; vous ne pouvez pas simplement venir et repartir comme si de rien n'était. C'est pourquoi les gens de la course sont ici toute l'année. C'est pourquoi ils s'impliquent dans les causes caritatives, et c'est pourquoi nous avons 600 bénévoles qui font partie de la course et qui demeurent au sein du REVV tout au long de l'année. Les bénévoles du REVV ne font pas du bénévolat que pour le Molson Indy ; ils en font lors de la Fête du Canada et lors d'autres événements spéciaux. Ils forment un réel corps de bénévoles professionnels. »

Ce grand réseau de bénévoles dévoués et enthousiastes a rapidement pris part à la campagne de Molstar pour déménager la course au parc Hastings. Les membres du REVV ont démarré la première phase de leur plan de démarchage auprès du grand public en compilant les noms de toutes les personnes qui habitaient dans l'est de Vancouver et qui avaient acheté des billets pour le Molson Indy par le passé. Ces personnes ont ensuite été contactées et encouragées à se joindre au groupe de pression « les Amis de la Formule Indy » (*Friends of Indy*) par l'intermédiaire duquel elles pouvaient participer au débat public en appuyant la relocalisation de la course[49]. Du point de vue des relations publiques et de la promotion des intérêts du Molson Indy, les Amis de la Formule Indy ont bien rempli leur rôle. Ils se sont rendus dans la communauté et ont rapidement établi une présence locale, qui avait pour but de présenter la Formule Indy sous son meilleur jour. Ils ont réussi à prêcher pour la relocalisation au parc Hastings et à informer la population sur ce que la course pouvait apporter à la communauté, en faisant du porte-à-porte, en distribuant des dépliants et en faisant de la sollicitation téléphonique,

sans oublier le très efficace bouche à oreille auprès des amis et connaissances, qui risquaient autrement de rester plutôt neutres ou de
se montrer ambivalents sur la question.

Nous ne pouvons négliger les avantages de cette stratégie — voir
des gens du quartier s'impliquer dans une campagne de relations
publiques. En fait, c'est exactement ce genre de mobilisation populaire
que les défenseurs du parc ont utilisée pour rallier la communauté à
leur cause et s'assurer que le parc Hastings redevienne un espace vert,
à l'abri des grandes activités commerciales comme le Molson Indy.
Les militants des Amis de la Formule Indy se sont donc rendus dans
la communauté et ont parlé à leurs amis et voisins, essayant de les
gagner à leur cause et de nourrir leur enthousiasme face à la possibilité d'accueillir un spectacle de sport motorisé international de haut
niveau comme celui de la Formule Indy. Le fait de compter parmi les
résidants du quartier des personnes impliquées dans la campagne de
promotion était une stratégie fort utile, puisque son caractère populaire rendait la campagne beaucoup plus légitime.

En plus de leur prosélytisme, les Amis de la Formule Indy prétendent avoir recueilli 5000 signatures dans une pétition en faveur de
la proposition de déménager l'événement au parc Hastings. Cette
pétition, qui constitue une contribution tangible à la campagne de
relations publiques, a été présentée aux dirigeants du Molson Indy
dans les jours qui ont précédé les rencontres d'information publiques
auprès de la communauté de Hastings-Sunrise. Elle leur a permis
de donner une nouvelle interprétation au rôle important que les
bénévoles avaient pu jouer dans les tout premiers temps de leur campagne de relations publiques. Selon eux, les bénévoles, grâce à cette
pétition, avaient enfin donné l'occasion à une « majorité silencieuse »
pro-Indy de s'exprimer.

Les défenseurs du Molson Indy affirmaient par exemple que les
résultats de leur sondage montraient un « appui énorme » à leur
projet. Toutefois, ces résultats n'ont jamais été rendus publics malgré l'appui considérable qu'ils auraient pu apporter à la cause de
Molstar. J'ai demandé des explications à ce sujet au directeur des
communications de la course. « Les résultats du sondage n'ont jamais
été rendus publics ; nous n'avons jamais, jamais rendu ces résultats
publics. En fait, à un certain moment dans le débat concernant le
parc Hastings nous avons pensé les rendre publics, mais le fait est
qu'il y avait tellement d'opposition à notre projet qu'il n'y avait

aucune raison d'ajouter de l'huile sur le feu. » Il poursuivait en disant que c'était à un moment où les autorités publiques s'opposaient ouvertement au projet de relocalisation au parc Hastings. D'après lui, mentionner ce fait aurait eu pour effet de donner plus de poids aux intérêts d'une minorité de gens qui s'opposaient au projet. La majorité des résidants du secteur était en faveur du projet, mais leur point de vue n'a pas pu se faire entendre du public : « Le premier ministre, le maire et la Commission des parcs avaient tous pris leur décision. Nous aurions voulu qu'ils ne prennent pas leur décision si tôt... Mais malheureusement, lorsque vous avez en face de vous des autorités publiques qui ne disent pas quelque chose de neutre comme "Nous allons attendre de voir ce qu'ils ont à offrir avant de prendre une décision", mais déclarent au contraire rapidement "Non, ça n'aura pas lieu", et bien nous n'allons certainement pas nous battre contre un mur... Ce genre de geste a certainement donné de la crédibilité à ceux qui s'opposaient à la course. Mais le fait est que nous savons grâce à notre sondage que si la communauté du secteur du parc Hastings avait été consultée, elle aurait appuyé la course. »

Du point de vue du Molson Indy, ses militants locaux et la « majorité silencieuse » ont été muselés et écrasés par une minorité hostile et bruyante de militants qui ont efficacement fait taire ceux qui étaient en faveur de la relocalisation de la Formule Indy. « Nous nous sommes rendus là-bas avec six projets de piste différents pour que les résidants y jettent un coup d'œil », expliquait une de ses employées. « Mais ils ne l'ont pas fait ; ils n'étaient pas du tout intéressés. C'est de la « minorité bruyante » de la communauté dont je vous parle ; il y a beaucoup de gens dans cette communauté qui appuient le projet de déménager la course. Mais parce que la rencontre d'information publique était tellement intimidante pour les supporters de la Formule Indy, ils ont préféré se taire. »

Il faut souligner ici que le REVV et les Amis de la Formule Indy ont été des outils promotionnels importants dans la campagne de relations publiques pour « sauver la course ». Au dire des dirigeants du Molson Indy, le grand nombre de bénévoles a joué un rôle déterminant dans les efforts pour gagner la faveur du public dans la communauté ; ils ont établi une « présence locale » dans le secteur, ont travaillé comme prosélytes pour donner une tribune à la « majorité silencieuse » qui aurait été en faveur de la relocalisation de l'événement. La capacité de mobiliser ces bénévoles n'était par contre qu'une petite partie des énormes ressources humaines et financières qu'ils avaient à leur disposition et qu'ils pouvaient déployer dans leurs efforts pour gagner *l'adhésion* du public à leur vision — à ce qu'ils considéraient comme l'utilisation la plus « rationnelle » du parc Hastings. Les bénévoles n'étaient que les fantassins d'une *bataille verbale* où le Molson Indy semblait disposer de l'argent, de la faveur des médias et des contacts nécessaires pour faire en sorte que le choix du site du parc Hastings apparaisse comme allant de soi. Tout cela considéré, les militants opposés à son projet auraient dû souffrir d'un énorme désavantage stratégique.

Chapitre IV

Résister au spectacle

Pourquoi la communauté locale du parc Hastings a-t-elle eu autant de succès dans sa lutte contre la campagne promotionnelle menée par les partisans de la relocalisation du Molson Indy de Vancouver (MIV) au parc Hastings ? Les forces pro-Indy avaient pourtant avancé des arguments économiques qui semblaient imparables ; elles avaient l'appui quasi général des médias de Vancouver, du moins au début, et les organisateurs de la course étaient capables de mobiliser les efforts d'une armée de bénévoles. Mais ce sont les résidants du quartier qui ont finalement eu gain de cause. Pourquoi ? La réponse à cette question est complexe. Et pour commencer à la formuler, nous devons en apprendre davantage sur cette communauté.

Hastings-Sunrise est une communauté issue de la classe ouvrière : le secteur offrait des lots abordables, et les anciens employés du port et du chemin de fer, les marchands et les ouvriers ont pu s'y installer et y construire leurs maisons. Mais au cours des dernières années, ce secteur a aussi attiré des acheteurs plus jeunes et plus riches à la recherche d'une propriété peu dispendieuse à proximité du centre-ville. Hastings-Sunrise est une des 23 communautés de Vancouver et compte une population d'environ 30 000 personnes, contre 462 000 habitants pour l'ensemble de Vancouver. Elle est considérée comme une communauté plutôt « stable », principalement à cause de son

pourcentage élevé de propriétaires, qui atteint 62 % [1]. Le profil statistique de la grande communauté de Vancouver établi pour la période
de 1986 à 1991 nous informe par ailleurs que 46 % des résidants de
Hastings-Sunrise avaient changé de domicile durant cette période,
tandis que ce taux atteignait 58 % pour l'ensemble des Vancouvérois.
Dans les autres secteurs de la ville, cette proportion allait de 80 %
au centre-ville à 40 % dans le quartier huppé de Shaughnessy, situé
dans l'ouest de Vancouver.

Sous le rapport de l'âge, 60 % de la population de Hastings-
Sunrise a entre 19 et 39 ans ; 27 % entre 40 et 64 ans. En 1991,
le revenu médian des ménages [2] était de 38 292 dollars, soit environ 12 % de plus que le revenu médian des ménages de la ville de
Vancouver, qui était à l'époque de 34 174 dollars. Le revenu moyen
des ménages était quant à lui de 44 538 dollars, c'est-à-dire un peu
au-dessous du revenu moyen des ménages des Vancouvérois, qui
s'élevait à 45 180 dollars. La proportion de travailleurs à très faible
revenu était toutefois de 23 % à Hastings-Sunrise, comparé à 25 %
pour l'ensemble de la ville [3]. Enfin, une autre donnée statistique
importante sur la constitution démographique et socioéconomique
du secteur est qu'en 1991, les baby-boomers (personnes nées entre
1947 et 1965) représentaient 35 % de la population totale de la
communauté.

Le fait que la population de Hastings-Sunrise soit de plus en plus
jeune, de classe moyenne et tournée vers la vie familiale a des implications importantes quand on analyse le succès de l'opposition des
habitants du secteur à la proposition de relocalisation de la course.
Après autant de consultations publiques sur le Projet de restauration du parc Hastings, aussi bien les résidants plus âgés de la classe
ouvrière que ceux plus riches et plus jeunes qui représentent l'avenir
de la communauté étaient unis dans leur opposition à la proposition
de dernière minute d'un groupe d'intérêts « extérieur » à la communauté. Non seulement ils faisaient front commun, mais ils ont
également su exprimer les préoccupations *locales* en se basant sur
des idéaux beaucoup plus larges, comme le respect du processus
démocratique et le développement durable. Ils ont pu construire leur
propre discours promotionnel sur les avantages d'avoir un important
espace vert dans l'est de Vancouver [4].

Communauté, identité, et les fondements de l'opposition

Les militants de la communauté ont présenté quatre grandes objections à la relocalisation du Molson Indy.

1. Ils étaient inquiets du bruit, de la foule et des désagréments personnels qui affectent généralement la communauté accueillant le Molson Indy;

2. Ils affirmaient que la présence d'une piste semi-permanente dans le parc serait complètement incompatible avec le Projet de restauration déjà en place;

3. Ils exprimaient des préoccupations plus profondes et complexes quant au contrôle qu'ils voulaient avoir de leur communauté et à la manière dont les résidants désiraient voir le secteur se développer:

   a) Les résidants du quartier désiraient avoir le contrôle sur l'avenir de leur communauté. Ils s'étaient beaucoup investis dans la restauration du parc, d'abord en passant plusieurs années à faire pression, puis en travaillant avec le conseil municipal et la Commission des parcs pour que la nouvelle vision de l'utilisation et de l'aménagement du parc Hastings en tant qu'espace vert devienne réalité.

   b) En ce sens, les résidants se considéraient comme les seuls « partenaires » dignes de ce nom. Le Molson Indy n'avait pas participé au long processus de planification de la restauration du parc. Sa seule contribution était une promesse de dernière minute d'y investir une grosse somme d'argent, ce qui a déplu aux résidants.

   c) De manière plus abstraite, les résidants soutenaient qu'ils étaient d'abord des citoyens avant d'être des consommateurs. Ils voulaient un accès public au parc et souhaitaient pouvoir y circuler sans devoir se soucier des restrictions et des intérêts du secteur privé.

4. Ils s'opposaient à l'idée selon laquelle il était de leur « devoir de citoyen » d'accueillir la course, et que la communauté de Hastings-Sunrise avait la responsabilité de la garder à Vancouver à tout prix, que c'était une façon de « faire leur part » pour la ville.

Compte tenu du fait que les principaux éléments des deux premières objections ont été abordés dans les chapitres précédents, je me concentrerai ici sur les questions plus complexes et plus fondamentales soulevées par les troisième et quatrième objections.

Idéalement, le terme « communauté » renvoie à un « endroit » où les individus éprouvent un sentiment collectif d'appartenance qui tire ses origines du fait qu'ils s'identifient à cet endroit. Cela ne veut pas nécessairement dire que tout le monde dans la communauté partage la même opinion. C'est d'ailleurs loin d'être le cas. Ce que je veux plutôt souligner, c'est que l'expérience commune de vivre en un endroit donné, en s'impliquant à des degrés variés, mais qui se recoupent, donne naissance à un sentiment d'appartenance. Faire partie d'une communauté, selon cette idée, implique de s'investir à long terme dans un milieu, que ce soit financièrement, émotionnellement ou en tant que citoyen. C'est en ce sens qu'on peut dire de quelqu'un qu'il a une part à jouer dans la forme que prendra la communauté au cours de son développement. Or, ce qui ressort très clairement de mon étude, c'est que Hastings-Sunrise est une communauté qui s'implique beaucoup ; une communauté qui, au fil des ans, a mis beaucoup de temps, d'énergie et de passion pour obtenir un engagement ferme de la part du conseil municipal et de la Commission des parcs afin que les espaces verts du parc Hastings soient complètement restaurés. Les propos d'un militant illustrent bien cet esprit communautaire : « Je considère qu'il n'y a rien de plus important à notre époque que la communauté. Et la manière dont une communauté devrait pouvoir décider de l'orientation de son propre avenir, décider de ce qu'elle deviendra... Je pense parfois que notre conseil municipal a oublié cela, pour une raison ou une autre. Il semble écouter les gens d'affaires et non les groupes communautaires. Et bien sûr, il considère souvent les groupes communautaires comme des groupes ayant des intérêts particuliers en tête, ce qui n'a rien de très flatteur. Tant pis si c'est ce qu'il pense. Mais c'est un groupe d'intérêts qui devrait être considéré différemment. »

C'est donc un solide esprit communautaire qui a poussé les résidants de Hastings-Sunrise à se mobiliser contre le projet de relocalisation du Molson Indy. Plusieurs d'entre eux avaient déjà investi beaucoup de temps, d'efforts et de passion au cours des deux dernières décennies pour que le parc Hastings soit restauré et devienne à nouveau un espace vert. C'est ce même esprit communautaire qui a nourri l'opposition vigoureuse et sans compromis des résidants du quartier au projet de relocalisation de la course dans le parc. Les opposants au projet critiquaient et invoquaient tout à la fois le fameux discours sur le « partenariat » pour défendre l'idée que ce sont les *résidants du quartier* qui sont les meilleurs « partenaires » pour développer le parc Hastings et en faire un espace public d'une importance vitale pour le quartier. Les groupes communautaires soutenaient ironiquement que le « partenariat », du point de vue des organisateurs du Molson Indy, se résumait plutôt à trouver un site pour leur événement (afin de pouvoir faire de l'argent, promouvoir leur sport motorisé et perpétuer la notoriété des bières de la Brasserie Molson).

La communauté et la production d'espace

Il est utile ici de considérer dans le détail les formes d'espace extrêmement différentes que ces deux visions radicalement opposées cherchent à produire. Tant le delta de False Creek que l'ancien aménagement du parc Hastings sont d'excellents exemples du caractère quasi public des spectacles commerciaux qui ont envahi le paysage métropolitain contemporain. Ces spectaculaires sites de loisirs centrés sur la consommation sont en fait ce que Douglas Rutheiser appelle « des simulations édulcorées et sécuritaires de la diversité » dont le but est de « remplacer les relations impersonnelles typiques des échanges commerciaux par une communication interculturelle et une interaction sociale [authentiques][5] ». C'est précisément ce genre de « diorama privatisé » qui s'est insidieusement substitué aux espaces publics urbains.

Comme le fait remarquer Sharon Zukin, construire une ville dépend pour beaucoup de la manière dont les gens disposent des facteurs économiques traditionnels que sont la propriété foncière, la main-d'œuvre et le capital. Mais cela dépend aussi de la manière dont ils manipulent toute la « symbolique » du discours de l'exclusion et de l'admissibilité. Car l'aspect et l'ambiance d'une ville et de ses espaces publics sont le reflet de décisions portant sur les gens et les choses que nous devons ou ne devons pas voir ; des décisions dans lesquelles entrent en jeu les concepts d'ordre et de désordre.

Il est par ailleurs important de comprendre que ces décisions n'ont pas pour unique conséquence de déterminer qui aura ou non le droit de circuler dans ces espaces, bien que ce soit là un élément important. Il est également question ici du pouvoir, et de la manière dont il se manifeste dans la capacité de circuler et de se déplacer à l'intérieur de ces espaces. Car tous les groupes sociaux ne tirent pas le même avantage de cette mobilité différenciée. Certaines personnes y jouent un rôle particulièrement important. Certaines groupes créent des flux et des mouvements sociaux pendant que d'autres n'y contribuent en rien. Tous ne sont pas également bénéficiaires de ces changements et certains s'y trouvent littéralement emprisonnés[6].

En ce qui concerne le parc Hastings, les défenseurs du parc cherchaient à créer un espace *inclusif*, tandis que les promoteurs du projet de relocalisation du Molson Indy cherchaient à créer un espace plus *exclusif*. Nous pouvons conceptualiser ces visions comme suit:

1. Le modèle du Molson Indy est très restrictif puisque son accès est, pour une bonne part, rigoureusement contrôlé, comme c'est le cas actuellement pour les sites de l'Exposition nationale du Pacifique (*Pacific National Exhibition*, PNE) et du parc d'attractions *Playland* qui se trouvent dans le parc Hastings.

2. Le modèle du Projet de restauration du parc considère le parc comme un espace public libre d'accès pour l'ensemble de la population, au contraire de l'espace privé que nous retrouvons sur le site du delta de False Creek, lequel représente exactement le modèle de gestion de l'espace que les promoteurs de la relocalisation de la course souhaiteraient imposer au parc Hastings.

Plus spécifiquement, la symbolique du discours de l'admissibilité et de l'exclusion touche à deux dimensions. La première concerne le libre accès et la libre circulation des gens dans un espace donné. À l'heure actuelle, à cause de la PNE, du parc d'attractions *Playland* et d'autres installations, l'accès à une bonne partie du parc Hastings est rigoureusement contrôlé *dans l'espace* par des barrières et un prix d'entrée, ainsi que *dans le temps* par des heures d'ouverture fixes. Le projet du Molson Indy mènerait à la re-privatisation de la plupart des espaces du parc puisque la PNE et le parc d'attraction seraient remplacés par un divertissement encore plus spectaculaire: la course automobile du Molson Indy de Vancouver. Finalement, la question est de décider d'accorder plus ou moins de contrôle aux intérêts privés. En échange de leur participation financière à la restauration du parc, les organisateurs de la course accéderaient non seulement à suffisamment d'espace pour construire une piste semi-permanente et d'autres installations, mais ils prendraient aussi le contrôle exclusif de ce site plusieurs semaines par année pour préparer et tenir cette course. Comme l'expérience de ces dernières décennies au parc Hastings le démontre clairement, c'est dans la nature même du processus de privatisation de l'espace public de procéder ainsi.

Une deuxième dimension du discours de l'admissibilité et de l'exclusion, liée de près à la privatisation, touche à la question de l'activité criminelle et de la sécurité dans les parcs urbains. L'argument que nous entendons souvent dans ce contexte est qu'une forme de privatisation peut être bonne pour les parcs publics puisqu'une présence corporative est souvent accompagnée de sociétés de surveillance privées qui ont pour mandat de patrouiller le secteur. Comme l'écrivent Frieden et Sagalyn, « Les sociétés de surveillance privées doivent se soumettre à si peu de restrictions que certains spécialistes croient que la privatisation en soi contribue pour beaucoup à l'amélioration de la sécurité[7]. »

Une employée du Molson Indy que j'ai rencontrée défendait cette position, soutenant que le fait de laisser les intérêts privés contrôler le parc Hastings aurait pour effet de rendre l'endroit « plus sécuritaire » : « Je pense qu'une des choses que les gens ne prennent pas en considération dans le projet de reverdir ce secteur est qu'ils ont déjà un problème avec les prostituées et les revendeurs de drogues quand il n'y a pas beaucoup d'activités dans le parc. En reverdissant le parc Hastings, vous leur donnez tout simplement un plus bel endroit où brasser leurs affaires. Allez-vous vraiment vouloir que vos enfants jouent dans ce parc ? Probablement pas. »

Le cas du parc Bryant de New York illustre particulièrement bien ce genre de réponse aux activités criminelles dans les espaces publics. Sharon Zukin décrit comment la ville de New York s'est tournée vers le secteur privé pour reprendre le parc Bryant des mains des revendeurs de drogues et des autres éléments indésirables qui s'y étaient solidement installés depuis des années[8]. Les efforts précédents pour reprendre le contrôle de cet espace autrefois populaire avaient vu naître des bouquinistes et des kiosques de fleuristes, une billetterie proposant des tarifs réduits sur les spectacles musicaux, ainsi que des concerts dans le parc lui-même. Toutefois, les foules qui circulaient dans cet espace ne restaient jamais assez longtemps pour le rendre sécuritaire, de sorte qu'avec la tombée de la nuit, les revendeurs de drogues revenaient[9]. Pour finir, une stratégie gagnante a été adoptée, celle de laisser le contrôle du parc à un organisme à but non lucratif composé de propriétaires du quartier et d'importantes associations de locataires : la Corporation pour la restauration du parc Bryant (*Bryant Park Restoration Corporation*, BPRC).

insinuer à propos des prostituées...

Cette coalition a redessiné le parc et monté un programme d'événements culturels qui durait toute la journée. Ses membres ont rénové les kiosques, mis en place de nouveaux services de restauration et embauché une armée de gardes chargés de la sécurité. Tout ceci dans le but de faire le ménage des « éléments indésirables » et de redonner le parc aux « utilisateurs visés », c'est-à-dire les employés de bureau du quartier. Ce sont ces gens que la Corporation pour la restauration du parc Bryant souhaitait y voir circuler, ceux qui en faisaient « un lieu de rassemblement animé en milieu de journée, comme c'était le cas avant le milieu des années 1970 ; un parc sous le contrôle du secteur privé[10]. » Quant aux personnages indésirables qui envahissaient le parc en soirée, les forces de sécurité privées se chargeaient de les déloger.

Avec en tête ce modèle de contrôle privé de l'espace public, j'ai posé la question suivante à un militant du parc Hastings : « Que répondez-vous à l'argument qui nous a été présenté selon lequel l'aménagement de ce grand espace vert dans le parc Hastings ne fera qu'attirer davantage d'activités criminelles ; que ce sera seulement un endroit pour les drogué(e)s et les prostitué(e)s ? »

> C'est ce qu'on entend. Ce que nous tentons de faire dans l'association de quartier est de faire prendre conscience aux gens qu'il en va ainsi de *tous* les parcs. Mais en même temps, ce n'est pas une raison pour ne pas essayer de remédier au problème. Notre projet, croyons-nous, contribue à régler le problème en créant un parc actif et bien utilisé. Il y aura des endroits pour un sanctuaire et des endroits où vous pourrez vous rendre pour vous sentir loin de la ville. Il y aura également des activités pour attirer les gens. Mais il ne s'agira pas de grands événements sportifs où vous vous rendez pour deux heures et retournez chez vous. Nous parlons plutôt ici d'équipements et d'événements allant du basket-ball au tennis, en passant par le base-ball, sans oublier des événements culturels et artistiques. C'est le genre d'événement dont nous voulons faire la promotion, des événements actifs pour un parc que nous voulons actif. *Nous ne voulons pas qu'il soit là sans que rien ne s'y passe.*

Ce dernier point est particulièrement instructif car il présente un des éléments de solution développés par les résidants pour répondre aux arguments selon lesquels un parc Hastings restauré servirait en quelque sorte de repaire pour les drogues illégales, si jamais les militants avaient raison des promoteurs du Molson Indy. Un défenseur du parc résumait la situation de cette façon : « Il revient à ceux qui planifient l'aménagement du parc de s'assurer qu'il soit conçu de manière à ce que des gens y circulent en tout temps, afin que ce ne soit pas un endroit propice aux activités criminelles. C'est un problème qui nous préoccupe et sur lequel nous avons invité à réfléchir les gens qui ont travaillé avec nous à la planification du parc. Par exemple, il a été proposé que nous travaillions avec les gens des courses de chevaux et que nous mettions quelques stalles à la disposition des forces de police afin que quelques policiers patrouillent le parc à cheval et deviennent une présence positive dans le parc et le quartier... Franchement, il s'agit de trouver des solutions novatrices aux problèmes. » *SE PRENDRE EN MAIN, PRENDRE LE CONTRÔLE*

Considéré dans un contexte plus large, tout ceci illustre bien comment les membres d'un important groupe de résidants de Hastings-Sunrise ont travaillé ensemble, dans un esprit d'ouverture, à l'élaboration d'un consensus communautaire, en favorisant la participation publique. Sur ce point, un militant résidant du quartier commentait : « Je pense que cette communauté doit prendre le parc sous sa responsabilité. Elle doit s'approprier cet espace en y participant activement. » En agissant de la sorte, la communauté serait en mesure de s'attaquer à des problèmes locaux tels que les activités criminelles et la sécurité. « Si nous voyons quelque chose se produire à cet endroit, nous serons en mesure de réagir et de contacter les personnes appropriées pour trouver une solution et se débarrasser de ce genre de problème, comme la prostitution et les drogues. Ils pourraient fermer Central Park (New York), ils pourraient fermer Stanley Park à cause de la drogue et des activités criminelles mais le feront-ils ? Nous ne le ferons pas. »

Par ailleurs, le Projet de restauration du parc Hastings aborde les questions de sécurité inhérentes au projet de transformation du parc en un important espace vert. En fait, la question de la sécurité a été soulevée à maintes reprises au cours des discussions publiques. Aussi le projet répond-il aux directives générales en matière de prévention du crime, par exemple en offrant une variété d'activités qui garantissent une fréquentation suffisante du parc à différents moments de la journée. Les courses de chevaux y contribuent également puisque les écuries sont ouvertes tôt le matin et que les courses ont lieu en après-midi et en soirée. D'autres activités de moindre envergure garantiront aussi une présence continue dans le parc tout au long de la journée. Deux officiers de la police municipale responsables de la prévention du crime ont d'ailleurs révisé et approuvé les aspects du Projet de restauration touchant à la prévention du crime et à la sécurité.

Le nouveau devoir des citoyens?

Un autre élément contre lequel se sont mobilisés les résidants du quartier opposés au projet de relocalisation du Molson Indy est l'idée qu'il était de leur devoir de citoyen d'accueillir ce projet; que la communauté de Hastings-Sunrise avait la responsabilité de garder la course à Vancouver à tout prix et que c'était une façon de «faire sa part» pour la ville. C'est là un argument fondamental de l'idéologie de la ville internationale. Les boosters municipaux œuvrant dans le contexte d'une ville internationale se sont efforcés d'établir un lien culturel solide entre le désir populaire d'avoir des équipes et des événements sportifs de haut niveau pour représenter la ville, et un réseau restreint d'intérêts corporatifs et municipaux[11]. À un point tel que le désir de la population d'accueillir les divertissements specta-culaires qui éveillent leur fierté finit par coïncider avec les intérêts financiers locaux et internationaux, ainsi qu'avec les «aspirations parfois autoglorifiantes» des politiciens locaux et des personnes influentes du milieu culturel.

À cause des liens apparemment «naturels» qui existent entre les spectaculaires divertissements publics et la promotion de la «com-munauté», il y a donc toute une tradition de soutien populaire en faveur de la cession de terrains et autres équipements publics pour la tenue d'événements sportifs professionnels. L'opposition à de telles pratiques jouit rarement d'autant de couverture médiatique que les opinions favorables défendues par les gens d'affaires, les politiciens et les célébrités sportives. Ceux qui s'opposent à de tels mégaprojets sont fréquemment présentés comme des adeptes de la critique, des opposants systématiques à tout projet, quand ils ne sont pas tout simplement diabolisés comme les membres égoïstes d'un «groupe d'intérêts particuliers» qui ne pense pas au bien-être de «l'ensemble de la communauté». Par conséquent, les visions opposées aux méga-projets bénéficient rarement d'une couverture sérieuse, réfléchie et soutenue. Elles sont plutôt généralement présentées comme appar-tenant à ceux qui «ne font pas leur part» pour leur ville.

Nous avons demandé à un employé du Molson Indy ce qu'il pensait de l'ampleur de l'opposition au projet de relocalisation de la course. Sans mâcher ses mots, il a rapidement et clairement affirmé que *toutes* les communautés de Vancouver ont la responsabilité de « faire leur part » quand vient le temps d'accueillir des événements spectaculaires qui font la promotion de Vancouver comme ville internationale :

> C'est comme ça. Excusez-moi, mais vous allez devoir partager votre espace vert avec divers organismes et divers événements spéciaux qui ont lieu dans cette ville puisque c'est ce qui arrive avec les parcs. Écoutez, j'habite depuis longtemps dans l'ouest de la ville et je dois partager *mon quartier* avec le reste de la ville. La Symphonie de feu (une compétition internationale de feux d'artifice), ça dure quatre nuits, *quatre nuits* ! pendant lesquelles vous bloquez l'accès à *mon quartier* et pendant lesquelles nous accueillons 200 000 personnes chaque soir. Et que dire du Défilé de la fierté gaie qui a lieu dans mon quartier ? Il faut que je partage mon quartier avec le reste de la ville... Vous pouvez donc dire que c'est votre parc. Mais vous faites partie de la ville de Vancouver et les autres résidants de la ville paieront des taxes pour que votre parc devienne réalité, de sorte que c'est notre parc autant que le vôtre.

L'argument ne pourrait être plus clair. Les résidants de Hastings-Sunrise ne font pas leur part. Ils ne font pas ce qu'on exige d'eux en tant que résidants d'une ville de niveau international.

Ils tirent certains avantages du fait de résider dans la grande communauté de Vancouver : ils ne sont pas seulement membres de leur quartier, mais d'une communauté urbaine géographiquement et politiquement plus vaste. Aussi doivent-ils prendre en considération les intérêts plus larges de l'ensemble de la ville. Un résidant disait : « Je pense que toutes les communautés doivent comprendre qu'elles doivent faire leur juste part lorsque vient le temps d'accueillir les grands événements sportifs, les festivals et ce genre de chose. » Mais il continuait ainsi :

> Je suis convaincu que les gens qui habitent dans le secteur de English Bay sont mécontents de toute la circulation qu'engendre la Symphonie de feu. Mais c'est leur lot, ils doivent apprendre à vivre avec en tant que communauté... Et nous avons les courses

de chevaux. Nous les avons acceptées et nous essayons de travailler avec ces gens pour tenter de minimiser l'impact de leurs activités sur notre parc et pour faire en sorte qu'elles soient un complément du parc. Les courses de chevaux peuvent être une destination. Donc, tout le trafic et tous les gens que cet hippodrome attire, c'est notre lot. Et nous allons continuer de le porter. Mais quand ils tentent de tout mettre sur le dos d'une seule communauté, alors les résidants se soulèvent et la communauté finit par dire : Assez, c'est assez !

Le pouvoir et les stratégies de résistance

J'ai déjà noté à quel point les forces du Molson Indy bénéficiaient d'une grande variété de ressources leur permettant de recueillir l'appui de la population à leur projet. Elles avaient du temps, de l'argent et des bénévoles. Toutes ces ressources ont été déployées pour soutenir une panoplie de moyens de pression, comprenant les relations avec les médias, la distribution de dépliants, des campagnes de rédaction de courrier, du porte-à-porte et de la sollicitation téléphonique. Les militants de la communauté, quant à eux, n'avaient rien de tel. Il est important de le rappeler : l'opposition au projet de relocalisation de la course était un effort populaire qui ne bénéficiait pas des énormes ressources institutionnelles dont jouissaient les forces du Molson Indy.

Dès le départ, les opposants au projet de relocalisation ont catégoriquement disqualifié les armées de bénévoles de Molstar (l'Association des bénévoles de la course et les Amis de la Formule Indy) et leur prosélytisme. Ce n'était, selon eux, qu'un simple stratagème promotionnel, à ne pas confondre avec un appui authentique de la communauté en faveur de la relocalisation du Molson Indy au parc Hastings. « C'est une idée ridicule », déclarait un résidant irrité. « S'il y a une course de Formule Indy, il n'y aura pas de parc. C'est aussi simple que ça. Et maintenant leur grosse machine de relations publiques tente de diviser la communauté avec ces Amis de la Formule Indy qu'ils ont inventés de toutes pièces[12]. » La présidente de l'Association de quartier de Hastings qualifiait de manière similaire les efforts de relations publiques de Molstar : « Ils ont fait une grosse campagne de distribution de dépliants avant la rencontre d'information publique qu'ils ont tenue fin janvier 1997. Et quand ils ont distribué ces dépliants, c'était vraiment du baratin. La brochure disait qu'il fallait penser à tout l'argent que cela amènerait à la communauté, à tous les emplois qui seraient créés, et bla, bla, bla. » Elle concluait en disant : « Je pense qu'ils étaient vraiment étonnés quand, malgré tous les efforts qu'ils y avaient mis, la campagne de distribution de dépliants s'est retournée contre eux, quand la communauté les a catégoriquement rejetés. »

Les opposants à la relocalisation du Molson Indy étaient particulièrement indignés des vastes ressources dont disposait Molstar, qui rendait leur lutte épuisante étant donné la faiblesse de leurs propres ressources (financières, humaines et temporelles). Ils dépendaient beaucoup du fonds opérationnel limité fourni par la ville et la Commission des parcs et loisirs, ainsi que de l'argent qu'ils recueillaient lors des diverses activités de collecte de fonds. « Nous n'avons pas d'argent, contrairement aux gens du groupe Indy. Nous n'avons pas les ressources qu'ils ont. Nous n'avons pas tout un tas de commanditaires et de grosses corporations pour nous appuyer, comme c'est leur cas... Ces énormes groupes comme le Molson Indy ont beaucoup d'argent à dépenser et ils l'utilisent pour s'infiltrer dans la communauté. »

D'autres opposants à la Formule Indy que j'ai interviewés tenaient un discours similaire sur la question de la disparité des ressources et sur le fait qu'ils étaient désavantagés quand est venu le temps de communiquer leur message au reste de la communauté. Par exemple, un militant se plaignait : « Nous n'avons pas les moyens de nous lancer dans toutes sortes d'activités de relations publiques, vous savez, tous ces sondages et ces plans de communication stratégique. En fait, nous n'avons eu qu'une semaine et demie pour nous préparer à cette rencontre d'information publique que le groupe Indy a annoncée, pour nous lancer dans des appels téléphoniques, fabriquer nos petits autocollants et encourager les gens à être prêts à parler ce soir-là, ce genre de choses. »

Il est clair qu'un tel manque de ressources financières rend la tâche extrêmement difficile pour une communauté, car elle ne peut rivaliser avec le genre de campagne de relations publiques que Molstar, de son côté, peut entreprendre pour faire la promotion de ses intérêts et communiquer à un public aussi large que possible sa propre vision des choses. La communauté n'a certainement pas pu bénéficier des services d'une agence professionnelle de communications, contrairement à Molstar.

Deux membres de l'Association de quartier de Hastings qui étaient impliqués dans la restauration du parc ont décrit les tensions et le sentiment de frustration causés par leur manque de ressources :

> Parfois, c'est vraiment atterrant, vous savez. Nous n'avons tout simplement pas l'argent nécessaire pour faire tous ces envois postaux. Ça prend beaucoup d'argent pour faire un envoi postal. Il y a les coûts d'impression et tout ce qui vient avec, plus les frais de poste. Sans oublier le fait que vous avez besoin de gens pour élaborer une stratégie pour l'envoi postal, pour rédiger le document, pour poster les copies ou les livrer en personne. Il faut que des gens soient prêts à répondre aux questions que cet envoi postal risque de soulever dans la communauté et dans les médias. Et en même temps nous devons tenter de remplir notre mandat comme association de quartier. Tout cela demande beaucoup de temps, d'efforts et d'argent, ce que nous n'avons pas. Oui, c'est frustrant.
>
> Molstar n'en a rien à faire de la communauté. Ces gens cherchent un endroit pour tenir leur activité et aussi longtemps que cela ne se passe pas dans leur propre cour, ils n'en ont rien à cirer. Ils ont d'énormes quantités d'argent parce qu'ils ont de gros commanditaires corporatifs, ces grosses compagnies internationales qui injectent des millions de dollars dans la course. Chose que nous n'avons évidemment pas. Nous n'avons pas l'argent! Tout ce que nous avons ce sont nos petits comités et ce genre de chose. Ce que nous avons, ce sont des gens déterminés et engagés qui travaillent pour la communauté, des bénévoles qui doivent aussi penser à leur famille et à leur emploi.

Ce dernier point est crucial : en plus de leur travail communautaire, les bénévoles « doivent aussi penser à leur famille et à leur emploi ». Car ce n'est pas seulement en termes d'argent que les opposants à la relocalisation du Molson Indy sont désavantagés, mais aussi en termes de temps et de ressources humaines. « Il faut beaucoup d'argent, de temps et d'efforts pour effectuer ce travail communautaire, pour rejoindre les résidants qui ne sont peut-être pas conscients des enjeux », expliquait un résidant du quartier depuis longtemps impliqué en politique locale. Le Comité de travail du parc, l'Association de quartier et les autres groupes qui ont été créés avec le Projet de restauration du parc Hastings, et qui ont travaillé tellement, pendant si longtemps, sont presque exclusivement constitués de bénévoles. Comme la plupart des groupes communautaires de ce genre, ils fonctionnent grâce à la sueur et la persévérance des résidants du secteur qui travaillent gratuitement. « Les organismes communautaires comme le nôtre survivent grâce aux bénévoles. Mais il y a une limite que vous ne pouvez dépasser en terme de temps et d'énergie. »

Par ailleurs, une chose qui ressort clairement de mes recherches est que le nombre de bénévoles qui ont donné de leur temps pour effectuer ce genre de travail au nom de la communauté n'égalait pas celui des bénévoles mobilisés par le Molson Indy. Une course de Formule Indy est généralement perçue comme une occasion de faire du bénévolat beaucoup plus « sexy » et dans le vent. En fait, les gens iront jusqu'à *payer* pour pouvoir donner beaucoup de leur temps et de leur énergie à cette entreprise commerciale, pour avoir le privilège de « faire partie d'un gros spectacle », comme le disait un membre du REVV. Ce sentiment est typique de la vision de beaucoup de bénévoles à qui nous avons demandé d'expliquer pourquoi ils s'impliquent dans la course de Formule Indy plutôt que dans d'autres organismes. « C'est un événement de niveau international... et en faire partie procure toute une émotion ; j'adore ça », s'est exclamé l'un d'eux. Ce n'est pas le cas lorsque l'on fait du bénévolat pour un événement plus ordinaire, pas vraiment sexy, organisé par la communauté locale et qui ne donne aucun résultat éclatant, même dans le cas d'une victoire.

Les groupes communautaires comme l'Association de quartier de Hastings, qui a aidé à coordonner le mouvement de pressions contre la relocalisation du Molson Indy dans le secteur, ne comptent donc pas seulement moins de bénévoles que le REVV, mais leurs bénévoles atteignent vite leurs limites en termes de temps, d'effort et de dévouement. Sur ce point, une administratrice de l'Association disait : « Voyez-vous, nous n'avons pas les ressources... Nous ne sommes qu'un organisme communautaire qui lutte continuellement pour offrir des activités récréatives à ses résidants. Notre capacité à nous impliquer à fond dans quelque chose de ce genre est limitée. Vous devez vous rappeler que nous sommes des bénévoles ; les gens travaillent, ils ont des enfants dont ils doivent s'occuper, ils n'ont pas beaucoup de temps à mettre dans cette lutte pour protéger la communauté. »

Mais malgré le fait qu'ils soient désavantagés par rapport aux forces du Molson Indy, les opposants au projet de déménager l'événement au parc Hastings ont réussi à regrouper les citoyens, à organiser et à former une opposition à temps pour la rencontre d'information publique. Pour les opposants de la Formule Indy, « c'était la soirée décisive ; ça passait ou ça cassait ».

La rencontre d'information publique

Noel Hulsman décrit la rencontre d'information publique organisée par le Molson Indy « comme étant certainement le soulèvement le plus rapide et le plus efficace de toute l'histoire de Vancouver, et ce, sans qu'aucune brique n'ait été lancée[13] ». À cette rencontre du 27 janvier 1997, le directeur général de la course, Phil Heard, a parlé du rôle que Molstar pourrait jouer pour atteindre les objectifs de restauration établis par le Comité de travail du parc Hastings, en insistant sur le fait que Molstar contribuerait à amasser les 40 millions de dollars jugés nécessaires pour financer le projet au cours des deux prochaines décennies. En réaction à cela, un résident s'est levé en disant qu'il se coucherait devant la première voiture de course qui se pointerait, suscitant ainsi les applaudissements spontanés des quelque 700 personnes présentes dans la salle[14]. Un témoin a décrit la soirée comme « profondément anti-Indy » :

> Vous savez, ce qui était le plus surprenant dans tout cela, c'est que personne n'a dû faire le tour du quartier pour motiver les gens à participer à cette rencontre. Quand ils en ont entendu parler, les gens sont venus d'eux-mêmes. Nous n'avons pas fait de sollicitation téléphonique, nous n'avons posté aucune invitation et nous n'avons pas fait campagne dans le quartier. Nous n'avons rien fait pour organiser ces choses ; nous n'en avions ni le temps ni les moyens. Les gens du groupe Indy ont annoncé qu'ils allaient tenir un forum public sur le site de la PNE pour discuter de la venue du Molson Indy au parc Hastings et tout le monde a simplement réagi. Nous n'avons donc pas organisé tout un tapage. Il n'y a eu aucun gros effort de coordination. Ils sont simplement venus. Je n'ai jamais vu un tel niveau de participation dans une communauté, jamais.

J'ai également demandé à un militant de décrire l'atmosphère de cette rencontre :

Q. : Est-ce que c'était hostile ? Car j'ai l'impression, d'après ce que vous m'en dites et ce que d'autres gens qui étaient sur place m'en disent, que la communauté était très unie dans son opposition, qu'il y avait beaucoup de ressentiment à l'égard du projet de relocalisation du Molson Indy.

R. : C'est vrai. Ça faisait du bien de penser — Bon sang, cette communauté peut vraiment dire sa façon de penser. Vous savez, des gens des services de santé du quartier ont parlé du bruit et de ses effets sur la vie des gens. Et des personnes âgées se sont levées pour parler et elles tremblaient tellement elles s'opposaient au projet. Elles étaient tellement en colère qu'une chose pareille puisse arriver à leur quartier, alors qu'on leur avait dit depuis longtemps que l'endroit accueillerait un parc.

Un autre opposant au projet du Molson Indy qui était dans l'assistance décrit l'atmosphère qui régnait à la rencontre d'information publique : « C'était une soirée amusante, si on peut dire, car quand les gens se levaient pour parler, le reste du public applaudissait et certains criaient leur soutien. Et quand Heard avait quelque chose à dire en réaction, les gens se moquaient de lui dans l'assistance. C'était une rencontre représentative de la communauté de l'est de la ville, chaleureuse et passionnée. »

J'ai demandé à une des personnes clés des forces d'opposition de commenter le niveau de participation élevé à la rencontre d'information publique, de me donner sa réaction et ce que signifiait un tel niveau de mobilisation de la communauté. Selon elle, la participation « était incroyable » et démontrait très clairement le solide esprit communautaire du secteur de Hastings-Sunrise : « J'avais vraiment de la difficulté à croire que la communauté était furieuse à ce point dans cette affaire. Furieuse pour deux raisons : les gens ne voulaient tout simplement pas de tout ce bruit dans le quartier, et ils ne voulaient pas non plus que les plans en cours de réalisation pour restaurer le parc soient compromis par cette course... Cet endroit a été désigné pour devenir un parc et le conseil municipal doit l'aménager pour qu'il devienne un espace vert. C'est à cela que nous travaillons depuis bon nombre d'années. Nous avons un projet en place pour que le tout se réalise et nous nous battons avec le conseil municipal pour qu'il ne prolonge pas le bail de la PNE afin que nous puissions réaliser le projet de parc auquel nous sommes arrivés. »

Elle explique qu'en se rendant à cette rencontre, « Nous savions très bien à quel point la communauté était *opposée* au projet du Molson Indy. Ce que nous disions aux gens qui nous téléphonaient était d'être présent à la rencontre d'information publique et de s'exprimer. Mais nous avions également l'impression qu'il fallait faire plus que cela. Nous avons donc demandé à un de nos membres de fabriquer des autocollants qui disaient "Pas de Formule Indy au parc Hastings", et nous nous sommes assurés que ces autocollants étaient prêts à être distribués quand les gens arriveraient à la rencontre. Et bien, nous en avons manqué ; nous en avions imprimé 400 et ils sont partis comme des petits pains. Les gens les collaient sur leur chandail, sur leur front. »

Avec un tel niveau d'opposition, à la fois extrêmement hostile et bruyante, contre Molstar et la course de Formule Indy, il n'est pas surprenant que ceux qui se sont présentés à la rencontre d'information publique pour parler en faveur de la relocalisation de la course au parc Hastings aient été accueillis avec mépris et moquerie. Comme un résidant du quartier qui a assisté à la rencontre le disait : « Il y avait, bien sûr, quelques personnes qui appuyaient la course, qui pensaient que c'était une bonne chose pour la communauté d'accueillir un gros événement comme la Formule Indy. Mais elles étaient très peu nombreuses ; une d'entre elles s'est levée pour exprimer son appui, mais elle a senti qu'elle n'était pas au bon endroit, je pense, car l'assistance était tellement bruyante... Ces quelques personnes qui pensaient que la course était une bonne idée voulaient probablement avoir des billets à prix réduits, un des cadeaux que les dirigeants de la Formule Indy nous avaient offerts. »

Un point qui revenait constamment dans les nombreuses entrevues que j'ai menées auprès des résidants du quartier était l'idée que la crise entourant la relocalisation du Molson Indy avait eu un effet stimulant sur la communauté de Hastings-Sunrise, comme en témoigne l'incroyable mobilisation de l'opposition et la participation nombreuse à la rencontre d'information publique, et ce, malgré le peu de temps de préparation et le peu de ressources. J'ai demandé à la responsable du Comité des affaires communautaires (*Community Affairs Committee*) de l'Association de quartier de Hastings ce qu'elle pensait de cette analyse. « Oui, je pense que c'était certainement une cause commune. Vous savez, à peu près personne n'était en faveur du projet. Des gens qui ne s'étaient pas vus depuis des années disaient, "Bon sang que ça fait plaisir". Ils parlaient tous d'une seule voix et c'était agréable. Mais c'était une soirée exécrable, il pleuvait des cordes, les gens poussaient leurs enfants dans des poussettes. »

Un militant de la communauté faisait ce commentaire au sujet de la réaction provoquée par cette crise : « La plupart des gens disaient ce que vous souhaiteriez toujours entendre de la part des membres d'une communauté, ces choses que vous n'entendez jamais assez souvent comme "J'aime ma communauté, je veux protéger ma communauté et m'assurer que mes enfants ont un bel endroit où grandir". Toutes ces choses que vous souhaitez que les gens disent. Et les nouveaux résidants qui venaient de s'installer dans la communauté et qui avaient hâte de voir ce grand parc étaient aussi présents. Cela a vraiment rapproché les membres de la communauté. »

La présidente de l'Association de quartier de Hastings, ardente opposante au projet de relocalisation de la course, partageait également ce sentiment : « Vous savez, je pense vraiment que les gens du Molson Indy ont été complètement abasourdis par la véhémence de la réaction de certaines personnes à l'idée que cette course puisse avoir lieu dans le quartier. Je pense qu'ils étaient surpris de l'antipathie exprimée par une si grande proportion de la population. Je crois qu'ils ne s'attendaient pas, mais pas du tout à cela. »

S'il subsistait encore quelque doute sur l'engagement de la communauté envers le projet d'un parc vert et la force de son opposition à l'idée que le Molson Indy en fasse partie, ils étaient balayés à la fin de cette soirée tumultueuse et souvent un peu trop animée. Dans les quelques jours qui ont suivi, après avoir passé en revue les enregistrements et les notes prises au cours de la rencontre, les dirigeants du Molson Indy en sont arrivés à la conclusion que le parc Hastings n'était plus une option viable pour eux. Cela ne fonctionnerait tout simplement pas. Sans un fort appui de la population, leur projet était voué à l'échec.

Devant l'opposition politique et communautaire, le directeur général de l'événement a donc annoncé, le 3 février 1997, moins d'un mois après avoir lancé le débat public sur la question, que le projet de relocalisation au parc Hastings était abandonné[15]. Les résidants avaient sauvé leur espace vert tant désiré. Grâce à cette réussite, les forces communautaires ont pu construire et présenter de manière crédible un « bon sens » alternatif capable de contrer le

« bon sens » dont les partisans du Molson Indy faisaient jusqu'alors la promotion.

Solution : retour à False Creek

Avec l'abandon du projet du parc Hastings, les pressions sur les dirigeants du Molson Indy se sont intensifiées. On se rapprochait dangereusement de la date butoir fixée par le comité directeur de la Formule Indy. La Série CART (*Championship Auto Racing Teams*) avait donné à Molstar jusqu'au 31 mars 1997 pour trouver un nouveau site. Comme le disait son président, Andrew Craig : « Nous allons certainement chercher une solution de notre côté, mais nous ne changerons pas la date butoir du 31 mars [pour que Vancouver précise ses plans pour 1998]... Nous entrons maintenant dans la phase finale. Nous devons savoir, au cours des 10 prochains jours, si nous pouvons ou non continuer de tenir la course sur le site du delta de False Creek [16]. »

N'ayant pas réussi à obtenir le parc Hastings, et insatisfait des alternatives qui s'offraient à lui, le directeur général du Molson Indy a conclu une entente avec le conseil municipal de Vancouver pour que la course retourne dans le delta de False Creek en 1998. Il témoigne :

> Beaucoup de gens disaient, « Restez où vous êtes, développez le site du delta de False Creek ou étendez la piste vers l'est. Faites quelque chose pour rester là. » Nous nous sommes assis avec des ingénieurs de la ville et le maire a proposé que tout le terrain entre la rue Québec et le pont de la rue Cambie, ainsi qu'entre la Première avenue et la mer dans le delta de False Creek [serve de site]. Nous nous sommes donc rendus sur place puis avons tenté de dessiner une piste à cet endroit. Mais l'espace était insuffisant et ne pouvait accueillir tout notre site. C'est alors que les ingénieurs de la ville ont eu l'idée de garder la moitié de l'ancienne piste et d'y ajouter une nouvelle section. C'est dans cet esprit que nous avons dessiné la piste et c'est comme ça que nous avons abouti à l'endroit où nous sommes maintenant pour la course de 1998.

Le directeur des communications tenait un peu le même discours sur les avantages de rester dans le delta de False Creek avec une piste redessinée. « Tout le monde s'entend pour dire que le secteur autour du delta de False Creek est superbe et que le nouveau site autour de *Science World* offre une meilleure vue que le site précédent, à la fois en termes d'angles de caméra pour la télévision et du point de vue des spectateurs. C'est la raison pour laquelle nous sommes très heureux d'être toujours là.» Après de longues discussions avec les dirigeants du Molson Indy, le conseil municipal de Vancouver a tranché, le 13 mars 1997, en faveur d'un règlement permettant aux promoteurs de l'événement d'utiliser le terrain public situé au sud du delta de False Creek pour y aménager un nouveau site, lors d'un vote qui l'a emporté par 11 voix contre 0. Un contrat autorisant la course à se tenir en ces lieux jusqu'en 2001 a plus tard été convenu. À partir de cette date, l'espace de terrain serait ouvert au développement. Mis au pied du mur, le commanditaire officiel de l'événement et la ville de Vancouver ont conclu une entente de dernière minute qui a été acclamée comme un triomphe. Molstar est resté sur un site spectaculaire près de la mer, et Vancouver a gardé son spectacle de sport motorisé de niveau international, ainsi que son statut de ville internationale et les retombées économiques qui soi-disant en découlent.

Si c'était là une victoire pour le Molson Indy et ses partisans, ce n'en était pas une pour les résidants du delta de False Creek, beaucoup moins organisés que la communauté de Hastings-Sunrise, et «à qui on a dit qu'ils seraient à l'abri des retombées sur le voisinage mais pas de la course[17]». Le discours officiel était qu'après avoir supporté le bruit et la congestion de la circulation pendant huit années lors de la Fête du travail, le fait d'accueillir les courses futures n'exigerait pas de gros efforts d'adaptation de leur part. Ils étaient déjà habitués de toute façon. «Les conseillers disaient que les quelque 18,6 millions de dollars de retombées économiques et l'énorme public local et international compensaient largement pour le vacarme et les inconvénients causés par l'événement lors de la fin de semaine de la Fête du travail[18].»

Le problème était donc réglé. Molson Sports et Spectacles avait signé un contrat avec la ville pour garder l'événement sur le site actuel, sur la côte sud et est du delta de False Creek jusqu'en 2001, date à laquelle la ville commencerait à développer le terrain pour accueillir des logements sociaux et d'autres usages résidentiels. Le Molson Indy serait alors à nouveau sans domicile fixe.

CHAPITRE V

Les sites spectaculaires et l'idéologie de la « ville internationale »

L'espace est politique et idéologique.
C'est un produit littéralement rempli d'idéologies.

Henri Lefebvre, « Reflections on the Politics of Space »

LES ESPACES PUBLICS d'une ville sont les principaux lieux de sa culture populaire. Ils sont une fenêtre ouverte sur son âme, écrit Sharon Zukin. Ils sont « un important moyen de modeler une vision de la vie sociale de la ville, une vision qui s'adresse tant à ceux qui vivent dans la ville et qui, tous les jours, interagissent dans les espaces publics urbains, qu'aux touristes, aux banlieusards et aux riches qui sont libres de fuir son exigeante étreinte [1] ». Un nombre croissant de théoriciens de la société et de géographes culturels font écho à ce point de vue, soutenant qu'un des rôles les plus importants des espaces publics urbains est idéologique par nature.

Tel que je l'utilise ici, le terme « idéologie » renvoie aux manières dont on attribue un sens aux choses pour servir les intérêts des groupes sociaux dominants. Autrement dit, l'idéologie a beaucoup à voir avec l'art de persuader et d'entretenir un appui général en faveur d'un programme politique donné. Pour reprendre la formulation de John Thompson, l'idéologie « renvoie aux manières dont le sens qu'on attribue aux choses sert, dans des circonstances données, à établir et à entretenir des relations de pouvoir qui sont systématiquement asymétriques. L'idéologie, dans un sens large, c'est *le sens au service du pouvoir* [2]. »

référence à Gramsci

Comment l'idéologie fonctionne-t-elle ? Tout d'abord, elle *universalise* un ensemble limité et souvent exclusif de valeurs et d'intérêts en prétendant qu'il est partagé par tous. Elle *rationalise* également ces intérêts en les présentant comme un ensemble logique cohérent et en outrepassant les contradictions dérangeantes. Enfin, l'idéologie *naturalise* certains droits acquis et les transforme en évidence, de manière à ce qu'ils fassent partie du « sens commun » de la société, et qu'ils soient considérés comme quelque chose qui va de soi.

Une idéologie efficace rend naturels et évidents les intérêts qu'elle sert et les identifie au simple bon sens d'une société, de sorte que personne ne pourrait imaginer que les choses puissent être autrement. Les idéologies ont donc la capacité de « naturaliser » une certaine version de la réalité, de la faire paraître aussi naturelle, innocente et immuable que la Nature elle-même. L'idéologie cherche à transformer la culture en nature. C'est « une sorte de mythologie contemporaine, un domaine qui s'est purgé de toute ambiguïté et de toute alternative[3] ». En d'autres mots, l'idéologie prend la forme d'un « Bien sûr ! », d'un « Cela va de soi » ou d'un « C'est comme ça et il n'y a rien que vous puissiez y faire ». Les idéologies les plus efficaces sont celles qui réussissent à s'imposer comme une deuxième nature, qui se présentent comme complètement naturelles, inévitables, et donc *inaltérables*.

Les espaces publics urbains sont le terrain de l'idéologie précisément parce qu'ils sont l'occasion pour les élites locales d'articuler un ensemble précis d'idées, de valeurs et de présupposés portant sur la manière d'être de la ville et sur la façon dont elle *doit* être organisée à la fois spatialement et socialement. « Si, parce qu'il est tellement tangible, naturel, familier, l'aménagement du paysage n'est pas remis en question, alors une manifestation aussi concrète de la manière dont la société *est* organisée peut facilement passer pour une évidence sur la manière dont elle *devrait* et *doit* être organisée[4]. »

Pour poursuivre cet argument, je vais conclure mon étude en développant l'hypothèse selon laquelle les principaux espaces publics de Vancouver sont les manifestations physiques de certaines idéologies politiques et sociales. Le paysage de la ville internationale est une « idéologie visible », c'est-à-dire une forme de représentation, le produit d'un discours, et non simplement un objet empirique[5]. En d'autres mots, le paysage urbain est à la fois *matière* et *signification*, traduisant, notamment, les relations de pouvoir dominantes. La disposition et la symbolique des parcs, des rues, des quais et des marchés d'une ville sont l'expression manifeste des intérêts et de la sensibilité des «entrepreneurs locaux» d'une ville, de ces puissantes coalitions de promoteurs, d'élites du monde politique et des affaires qui sont les principaux architectes du développement urbain.

Comme je l'ai souligné dans le premier chapitre, nous devons observer ce qui se passe dans les espaces publics d'une ville, dans ses plus importants espaces collectifs, si nous voulons comprendre sa culture populaire. Car c'est là qu'elle est définie ; c'est là que nous pouvons observer les signes d'une compétition pour le droit à conceptualiser, contrôler et mettre en pratique l'idéologie. «Comme la race, la classe sociale et le sexe, le lieu peut devenir un important mécanisme de définition et d'expression de l'identité collective[6].» Cela fait ressortir la question fondamentale sur laquelle toute critique de l'idéologie doit reposer, à savoir : «Dans l'intérêt de qui ?» Qui profite le plus du fait que le statut de ville internationale soit calqué sur le modèle de la mobilité du capital ? Quel est l'enjeu de cette lutte pour obtenir un statut international et que signifie réellement cette nouvelle définition ?

Qui est affecté, de manière positive ou négative, par la poursuite du statut de ville internationale, et en particulier par ce qui entoure un grand événement sportif ? Qui est «admis» à fréquenter les spectaculaires sites de consommation dans une ville internationale ?

Le parc Hastings en tant qu'idéologie visible

Tout au long de ce livre, j'ai essayé de montrer comment les entrepreneurs locaux de Vancouver s'efforcent généralement d'aménager les espaces publics les plus vitaux pour rencontrer les exigences d'un programme économique et culturel bien particulier, orienté vers la production et la marchandisation de la ville en tant que lieu transnational de consommation culturelle. C'est d'ailleurs de plus en plus ce que sont les villes de niveau international ; elles sont les lieux de promotion d'une culture de consommation faisant étalage de richesse dans le contexte des spectaculaires sites de consommation. Une telle culture est considérée comme la marque de commerce caractéristique de la ville internationale, un statut auquel les boosters de Vancouver aspirent activement depuis une bonne douzaine d'années.

Dans ce contexte, nous pouvons considérer l'espace public urbain comme un bien de consommation, comme une marchandise. Comme le disait Henri Lefebvre : «L'espace, qui semble homogène, qui semble être tout à fait objectif dans sa forme pure, telle que nous la constatons, est un produit social. La production de l'espace peut être comparée à la production de n'importe quel autre type de marchandise. » Même lorsque nous n'avons pas à débourser pour en profiter, l'espace public d'une ville de niveau international est souvent relié aux espaces marchands, qui vendent des biens et des expériences. Ceci a pour effet de promouvoir les valeurs culturelles des corporations privées dans la culture de consommation en général. Le cas de la crise entourant le projet de relocalisation du Molson Indy de Vancouver (MIV) au parc Hastings est particulièrement révélateur d'une culture urbaine où beaucoup de gens semblent *obsédés* par la production et la consommation de spectacles de divertissement.

Depuis maintenant un siècle, le parc Hastings sert presque exclusivement de complexe de divertissement utilitariste et multifonctionnel, en dépit de sa désignation originale, datant de 1889, qui en faisait un parc public destiné à l'usage, aux loisirs et aux plaisirs des résidents de Vancouver. L'espace *vraiment* public y a été sérieusement restreint. Les grands espaces verts, propices à la contemplation paisible, les habitats aménagés pour les oiseaux et les animaux, les terrains de jeux récréatifs pour les sports communautaires et les grands espaces permettant aux gens de circuler librement et de prendre part à la vie du parc ont été peu à peu éradiqués. En réalité, le paysage du parc est en bonne partie asphalté ou clôturé, et son accès est sévèrement contrôlé par les prix d'entrée et les heures d'ouvertures fixées par ses locataires : l'Exposition nationale du Pacifique (*Pacific National Exhibition*, PNE), le parc d'attractions *Playland*, le *Coliseum*, et le *Racetrack* où ont lieu les courses de chevaux.

Cet état de fait résulte directement d'un courant de valorisation des activités récréatives, très important au Canada, qui remonte à la fin du XIXᵉ siècle. Une bonne part des principaux parcs publics urbains ont été dotés d'infrastructures permettant la marchandisation d'espaces publics, mobilisés pour satisfaire les objectifs des boosters et d'autres intérêts politiques et économiques. Comptant parmi les premiers complexes centrés sur la consommation, le parc Hastings a servi à la fois d'espace de consommation *visuelle* (en considérant que le spectacle visuel qu'il offrait, dominé par les gros édifices, les manèges de *Playland* et les montagnes Rocheuses en arrière-plan, était un produit à consommer), et de consommation proprement dite, puisqu'on pouvait y circuler pour acheter des biens et des expériences.

Dans les faits, le public devait littéralement acheter son accès au parc Hastings, un espace public pourtant vital situé dans l'est ouvrier de Vancouver. Par conséquent, l'offre de loisirs publics au cours du dernier siècle s'adressait avant tout aux « consommateurs ». C'est donc au *public acheteur* qu'on a accordé le plus d'importance et ce sont ses souhaits, ses besoins et ses désirs qui ont primé. L'investissement des fonds publics dans les activités spectaculaires de divertissements récréatifs semble plus que jamais faire partie des caractéristiques du bon sens civique. C'est cette série d'évolutions qui a fait en sorte que la ville internationale renvoie désormais à tout un vaste circuit d'équipements standardisés, de divertissements et de loisirs spectaculaires disponibles pour les riches consommateurs de la planète tout entière.

Les tentatives d'acquérir des franchises de sport professionnel ou des événements de calibre international sont maintenant considérées comme faisant partie d'un projet plus large, au cours duquel l'élite corporative et municipale tente de donner et d'assurer à la ville une place de choix dans une hiérarchie économique et culturelle transnationale. Dans un tel projet, l'objectif ultime est la croissance économique. Mais les franchises de sport professionnel et les événements internationaux sont aussi largement considérés comme des blasons attestant de la stature d'une ville ; ils sont le symbole d'un certain accomplissement, duquel d'autres formes de croissance découleront — du moins on le présume. En d'autres mots, les événements spectaculaires comme le Molson Indy sont des symboles représentant la « communauté » ; ils servent à *représenter* la prospérité et l'ambition d'une ville. Ils sont des éléments clés pour comprendre cette culture promotionnelle de la ville internationale.

L'avenir des communautés dans les villes « internationales »

De façon générale, la « culture promotionnelle » renvoie à l'omniprésence, dans la vie contemporaine, d'un discours promotionnel et d'activités mercantiles ayant pour effet de créer des clients réceptifs non seulement à des produits, mais également au discours de certains politiciens et à certaines idées (comme l'idée de ville internationale). Mais plus significatif encore est le virage subtil dans le contenu, voire dans la structure même du discours promotionnel ; c'est un discours qui évite les affirmations directes sur ce dont il fait la promotion et qui s'éloigne de l'argumentation rationnelle, pour miser davantage sur l'image, les jeux de mots stylisés et en particulier les symboles[7].

Les efforts de mise en marché et de promotion de la ville sont à l'origine de la nouvelle notion de ville internationale, cet espace urbain composé de zones télévisées et publicitaires au niveau local, et de structures spectaculaires jouant un rôle symbolique aux niveaux national et international. Les mégaprojets de divertissement sportif et les spectaculaires installations qui les accompagnent ont tous deux contribué à créer et à accélérer ce processus de définition de la ville internationale. Comme le soutient Brian Goodey, les villes, de plus en plus, survivent, reprennent vie et grossissent grâce à « la manipulation habile dans le temps et l'espace d'événements autour desquels il est possible de concevoir des programmes d'activités destinés aux acheteurs, aux touristes et aux visiteurs[8] ». En d'autres mots, à l'époque de la mobilité internationale des capitaux, les aspects les plus importants de la culture promotionnelle sont la symbiose entre l'image et le produit, l'étendue et l'échelle de la vente de l'image au niveau national, et même planétaire, ainsi que le rôle que joue l'économie « symbolique » (basée sur des symboles) dans la promotion, ou la *représentation*, de la ville internationale et de sa spectaculaire culture de consommation.

Dans le même ordre d'idée, Andrew Wernick affirme que nous vivons dans un « vortex de panneaux publicitaires » — une circulation ininterrompue de messages et d'images qui incorporent pratiquement tous les aspects de la vie sociale et forment le baratin publicitaire[9]. Notre monde étant de plus en plus dominé par la publicité et la commercialisation, les biens de consommation (tant matériels que symboliques) sont devenus *la* monnaie d'échange de la vie publique. D'ailleurs, sous l'influence de ces discours incitant à la consommation, le point de référence de la vie publique n'est plus le « citoyen », mais plutôt le « consommateur ». L'industrie du divertissement sportif, en particulier, est devenue un important lieu de promotion et de développement des biens et des styles de consommation. Elle a créé un champ de ressources sans précédent pour satisfaire le consommateur et former son identité. Mais ces sources de satisfaction se sont plus que jamais intégrées sur la place du marché au *besoin de trouver un sens à travers la consommation*. « C'est d'ailleurs précisément dans le domaine des loisirs et du divertissement populaire que l'identité choisie en tant que consommateur entre le plus manifestement en compétition avec d'autres formes, plus anciennes, d'identités personnelles comme l'identité "nationale"[10] ».

Par conséquent, nous assistons à la construction et à l'étalage à grande échelle d'identités personnelles basées sur des préférences de consommation. De plus, « il est devenu presque naturel de penser que les gens ont un "intérêt" commun avec ceux qui partagent leurs préférences[11] ». Il s'agit évidemment là d'une conception très limitée de la communauté, une conception qui fait constamment appel à nos intérêts communs en tant que consommateurs, et que consommateurs seulement. Dans le contexte des événements sportifs professionnels, cette conception de la communauté équivaut à une « communauté de fans », une communauté de consommateurs qui participent ensemble à un divertissement passager, unis par leur préférence commune pour un même produit, plus que par tout autre chose. Comme Gruneau et Whitson l'expliquent clairement, de telles « communautés » tirant leurs origines de certaines pratiques de consommation ou de la loyauté envers un produit (qu'il s'agisse du Molson Indy, des Canucks de Vancouver ou des voitures Honda) ne sont pas des *communautés politiques* au sens propre du terme. « Si nous mélangeons continuellement ces diverses conceptions de la communauté, ou si les communautés politiques sont efficacement remodelées sous forme de communautés de consommation ou de communautés de style de vie, nous perdrons certainement quelque chose d'important quant au sens et à l'exercice de la vie publique[12]. »

Il y a clairement une distinction profonde entre une « communauté de consommateurs » et la notion idéale de communauté en tant que groupe local de citoyens unis par un destin commun, par un but commun — contrôler le développement de leur communauté — et par un besoin commun — faire de leur quartier un endroit sécuritaire où il fait bon vivre et travailler. C'est autour de cette distinction que la communauté de Hastings-Sunrise s'est mobilisée contre la vision défendue par les forces du Molson Indy. Comme nous l'avons vu, les opposants au projet de relocalisation ont clamé avec vigueur qu'ils avaient des intérêts à défendre dans l'orientation que prendrait le développement de leur communauté. Ils ont résisté activement à toutes les tentatives mises en place pour ébranler les résultats du long processus de consultation qui avait finalement mené au projet de reverdissement du parc Hastings.

De plus, les militants ont refusé d'accepter l'idée selon laquelle c'était leur responsabilité, leur devoir de citoyen, de faciliter l'incorporation d'une piste semi-permanente de course de Formule Indy dans le nouveau parc. En tant que citoyens, les résidants s'étaient battus durant de nombreuses années pour faire reconnaître la valeur intrinsèque du parc Hastings comme espace vert du quartier, et pour faire en sorte qu'il soit aménagé de manière à devenir un espace réellement public, où tout le monde serait invité à circuler, à vivre des expériences agréables et à apprécier le paysage. Les résidants ont donc plutôt considéré que leur devoir de citoyen était de s'assurer que le parc Hastings, contrairement aux vœux du Molson Indy, ne serait jamais plus aussi privatisé qu'il ne l'avait été par le passé, exception faite du maintien des installations de courses de chevaux.

À un niveau plus abstrait, nous pouvons dire que tout ceci était une bataille discursive entre les dirigeants du Molson Indy, leurs alliés et les groupes communautaires du secteur du parc Hastings et des environs. *Cette divergence de vision était une bataille sur la définition du bon sens.* Les groupes communautaires ont été victorieux dans leur opposition à la relocalisation de la course dans leur parc précisément parce qu'ils ont réussi à imposer une vision différente pour le parc Hastings et à la présenter comme relevant du simple « bon sens ». Ceci n'est pas un mince exploit, compte tenu du fait qu'ils s'attaquaient à une coalition de décideurs municipaux et corporatifs qui, dans les villes entrepreneuriales contemporaines, sont prêts à tout pour garder leurs équipes et leurs grands événements sportifs professionnels. Et s'ils sont prêts à tout, c'est à cause de la popularité de ces événements et de ces équipes, de leur prétendue valeur économique et du rôle significatif qu'ils jouent comme symbole de la prospérité et de l'ambition d'une ville. Ces promoteurs déploient énormément de temps, d'efforts et d'argent pour que leur discours promotionnel soit perçu comme relevant du « bon sens ».

Les opposants au projet de relocalisation ont également été victorieux parce qu'ils ont su mobiliser des *discours compétitifs* rejoignant les préoccupations des résidants en ce qui concerne la communauté et la participation citoyenne, le processus démocratique, la famille, l'environnement naturel, le rôle des parcs urbains et l'accès gratuit à des activités récréatives et à des espaces de loisirs communautaires. En un mot, ils ont construit un « bon sens alternatif », une idéologie visible différente de celle avancée par les forces du Molson Indy, et

ont su en faire la promotion en tant que vision idéale de l'aménagement et de l'utilisation du parc Hastings. C'est ainsi, par exemple,
que lorsque les dirigeants de la course parlaient des « énormes avantages économiques » que Vancouver récolterait en l'accueillant au
parc Hastings, leurs opposants répliquaient en arrimant leurs intérêts
locaux à ceux beaucoup plus larges de la ville entière, faisant valoir
les avantages pour l'ensemble de la population d'avoir un important
espace vert dans l'est de Vancouver.

Ils ont su mobiliser en leur faveur différents discours trouvant
leurs fondements dans les mouvements environnementaux, une sensibilité croissante aux problèmes engendrés par l'usage de l'automobile, l'esprit communautaire et le respect du processus démocratique.
Ils ont également réussi à tourner contre les forces du Molson Indy
l'argument du « partenariat », en soulignant que Molstar et ses bénévoles ne participaient absolument pas à la vie de la communauté, sauf
peut-être pour une offre de participation économique très limitée, et
que cette offre de participation n'avait été qu'une manœuvre de dernière minute ayant pour but de sauver leur événement à Vancouver.
Ces arguments ne pouvaient être tout simplement ignorés par les
nombreux politiciens et boosters de Vancouver qui avaient, pendant
plus d'une décennie, fait la promotion de la « Colombie-Britannique
Super-Naturelle » (*Super-Natural B.C.*). De plus, à une époque où la
sensibilité environnementale et la méfiance envers les politiciens sont
à leur plus haut niveau, le risque politique associé au fait d'ignorer
l'ampleur de l'opposition dans le quartier Hastings-Sunrise aurait
été considérable.

Ceci étant dit, il est important de reconnaître que les résidants
de Hastings-Sunrise ne sont pas représentatifs des gens démunis qui
luttent habituellement contre les effets de la gentrification et du développement urbain. Cette communauté est de plus en plus constituée
de gens de la classe moyenne, une communauté stable dont les membres possèdent leur propre maison et ont un bon revenu familial.
Au cours de cette bataille, les membres de cette communauté ont su
articuler un discours différent, en s'inspirant de conceptions depuis
longtemps véhiculées par les membres des classes privilégiées mettant
en valeur l'appréciation de la nature et certaines formes de loisirs, et
les imposer comme étant représentatives du simple bon sens. Je me
demande si le résultat aurait été le même si la crise n'était pas sur-
venue à ce moment-là, dans ces circonstances précises et dans cette

communauté (qui a un long historique de militantisme communautaire). Aurions-nous alors assisté à la venue de la course de Formule Indy au parc Hastings au printemps 1999, au moment même où le sanctuaire était en construction ?

Indépendamment de la réponse à ces questions, il est important de souligner le fait que ceux pour qui le développement urbain est d'abord une question de marché ne sont pas toujours les grands gagnants. Le discours qui s'oppose au « bon sens » des commanditaires de spectaculaires mégaprojets de divertissement peut encore se faire entendre dans notre culture promotionnelle. En cette période où les communautés locales sont attaquées de toute part, il faut célébrer ces occasions où les citoyens agissent comme si leur communauté « leur appartenait à eux » et non aux promoteurs et à l'élite des milieux politique, culturel ou entrepreneurial qui s'accaparent en bloc le pouvoir d'une ville. La crise entourant la relocalisation de la course Indy au parc Hastings démontre que les organismes communautaires peuvent exprimer leur colère lorsque les décideurs ne tiennent plus compte des intérêts locaux. Elle démontre que les citoyens peuvent reprendre le contrôle du paysage urbain et mettre en œuvre *leur propre vision* de l'avenir de leur communauté.

Les chercheurs doivent continuer d'examiner les multiples formes sous lesquelles ces visions urbaines de l'avenir sont produites et contestées, et évaluer quelles sont les limites et les possibilités de la résistance. Ces visions sont complexes, profondément enracinées dans des systèmes de croyances et de valeurs ; elles correspondent non seulement à la manière de penser et d'agir des gens, mais font aussi référence à des espaces plus instrumentaux, délibérément voués à l'autoglorification et à l'ambition. Nous avons besoin de mieux comprendre comment les efforts pour concevoir une vision particulière de l'avenir d'une ville se dessinent et se déploient, ainsi que les différents discours du « bon sens » en présence dans la démocratie canadienne, et le rôle des citoyens dans une ville. Examiner comment ces visions sont manufacturées et disséminées, et comment elles s'articulent avec des processus politico-économiques et des logiques culturelles plus larges n'est que le premier pas vers une meilleure compréhension de la nature changeante de la vie urbaine, à l'aube du XXIe siècle.

Un mot sur la méthode de recherche

LES DONNÉES recueillies lors d'observations sur le terrain doivent permettre l'élaboration d'une théorie plutôt que simplement servir à raconter une histoire qui, malgré ses qualités, demeure souvent limitée. Voilà pourquoi j'ai eu recours à la méthodologie de l'étude de cas. Selon les principes mêmes de la théorie ancrée, l'élaboration d'une théorie demande qu'on intègre de nombreuses observations dans un système de propositions et qu'on utilise ce système pour définir et explorer des questions problématiques [1]. Ces questions sont liées aux connaissances générales que nous avons de la société ou aux systèmes d'explications qui s'y rapportent. Certaines études de cas, comme celle qui porte sur la proposition de déménager le Molson Indy de Vancouver au parc Hastings, sont à la fois un exemple de ces théories générales et un moyen d'étendre leur portée et de les perfectionner en les confrontant à une expérience concrète.

Ce n'est que plusieurs semaines après que la crise entourant la relocalisation du Molson Indy au parc Hastings fut résolue que j'ai eu l'idée d'utiliser ce cas pour étudier, à un niveau plus théorique, l'impact de l'idéologie de la ville internationale sur la culture populaire. Je souhaitais vivement comprendre le rôle des espaces publics en tant que lieux de production et de consommation de la culture populaire urbaine, et comment divers groupes d'intérêt rivalisent entre eux pour contrôler l'aménagement et l'utilisation de ces espaces vitaux. Le conflit entre les promoteurs de la Formule Indy et les groupes communautaires en est un bel exemple.

Étudier le conflit après qu'il ait eu lieu signifiait, bien sûr, que j'étais dans l'impossibilité de faire des observations directes en tant que participant et/ou observateur aux diverses rencontres d'information publiques, aux réunions du conseil municipal et à celles de la Commission des parcs. Afin d'en arriver à une meilleure compréhension du conflit, de suivre son évolution, d'observer les groupes d'intérêts en conflit et les relations de pouvoir qui existaient entre eux, d'expliquer comment la crise a été résolue et pourquoi de cette façon, j'ai dû reconstituer l'événement en recueillant les témoignages des principaux intervenants, passer en revue les médias qui avaient couvert l'événement, et lire certains documents et rapports officiels présentés au conseil municipal de Vancouver. Pour ce faire, j'ai eu recours à trois méthodes de collecte des données : l'entrevue libre, l'observation directe et l'analyse de la documentation. J'ai recueilli des données entre mai et septembre 1997, avec comme point culminant quatre jours de travail sur le terrain lors de la course du Molson Indy de 1997.

Au total, j'ai obtenu des entrevues avec 27 personnes liées au Molson Indy (employées ou bénévoles), ou impliquées au sein de groupes communautaires présents dans le secteur du parc Hastings et ayant participé aux efforts de restauration du parc. J'ai également réalisé des entrevues avec des fonctionnaires de la ville de Vancouver et de Tourisme Vancouver, avec le maire de Surrey et certains membres de la presse sportive de Vancouver.

Tout au long de mon travail sur le terrain, j'avais à ma disposition quatre guides d'entrevue, spécifiquement conçus pour chacun des groupes d'intérêts à l'étude : les militants de la communauté du parc Hastings, les fonctionnaires de la ville, les journalistes sportifs et les employés du Molson Indy. Contrairement à ce qu'exigent les techniques d'enquête structurée, ces documents me servaient uniquement de guide, et n'étaient pas rigoureusement suivis. Je voulais donner aux personnes interviewées un minimum de consignes, conservant ainsi la possibilité d'explorer les nouvelles pistes de réflexion qui pouvaient émerger en cours d'entrevue. Si ces nouvelles pistes ont souvent été infructueuses, elles ont parfois donné lieu à d'importantes découvertes. J'utilisais les questions selon la progression de la discussion. Si la personne interviewée semblait particulièrement ouverte à l'une d'entre elles, j'en ajoutais d'autres afin d'explorer davantage le sujet (en m'aidant parfois du guide d'entrevue, mais le plus souvent en improvisant dans le feu de la discussion). Les questions qui provoquaient peu de réponses étaient souvent reformulées ; si elles ne donnaient aucun résultat, je les mettais de côté en vue d'une autre rencontre. D'une certaine façon, ces entrevues intenses étaient adaptées à chaque personne interviewée et au contexte de l'entrevue.

La plupart de ces échanges duraient plus de 90 minutes, la moyenne se situant aux alentours de 45 minutes. Toujours organisées à l'avance, elles étaient conduites par téléphone ou de visu, selon la disponibilité des personnes interviewées, du fait de leur travail, du temps qu'elles pouvaient m'accorder ou des distances à parcourir. Il est à noter que je n'ai rencontré personne qui ait refusé d'être interviewé. Le contenu de toutes les entrevues a été enregistré et retranscrit (habituellement plus tard dans la soirée, profitant du fait que l'expérience était encore fraîche à ma mémoire). J'ai également tenu un journal dans lequel je notais des éléments clés qui ressortaient des entrevues ; j'y inscrivais également les idées qui me venaient à l'esprit avant et juste après une entrevue.

Lors de la course du Molson Indy de 1997, j'ai également réalisé environ 25 interviews supplémentaires, cette fois-ci spontanées et non structurées, avec des spectateurs choisis au hasard, des bénévoles et des journalistes sportifs. Elles duraient généralement moins de 20 minutes et n'étaient pas retranscrites. Je prenais simplement des notes dans un journal de bord, que j'ai ensuite reformulées le plus fidèlement possible.

La partie de ma recherche qui a donné lieu à l'observation directe s'est limitée à l'événement du Molson Indy de 1997. J'ai circulé pendant quatre jours sur le site de l'événement, avec l'autorisation préalable des organisateurs. Je voulais me faire une idée de l'expérience que procure ce spectaculaire événement de sport motorisé, avec son complexe situé dans le delta de False Creek. Je voulais parler aux spectateurs et aux bénévoles, et connaître les raisons de leur présence à l'événement : ce que signifiait pour eux leur présence à la course et comment cette présence était liée à leur expérience en tant que résidant de Vancouver ou que visiteur d'une ville internationale.

Au cours de mes entrevues et de mon travail de terrain, j'ai reçu des communiqués de presse, des rapports de consultants, des procès-verbaux de réunions, des brochures promotionnelles et des cahiers de presse, ainsi que toute une série de documents qui ont été fort utiles à mon analyse. J'ai également beaucoup utilisé les archives des journaux pour retracer tous les articles que je pouvais trouver concernant la crise provoquée par le projet de déménagement du Molson Indy au parc Hastings. Ces articles m'ont permis de retracer l'historique des événements ; ils ont été une précieuse source d'information pour mieux comprendre le contexte de la crise, et m'ont permis de retrouver des citations attribuables aux principaux intervenants dans le conflit.

NOTES

Préface

1. Serge Mongeau, *La simplicité volontaire plus que jamais*, Montréal, Éditions Écosociété, 1998.

2. Michel Bernard *et al.*, *Objectif décroissance. Vers une société viable*, Montréal, Éditions Écosociété, 2003.

3. Lire à ce sujet « La dernière haie », dans Linda McQuaig, *Le grand banquet*, Montréal, Éditions Écosociété, 2004, p. 209-247.

Avant-propos

1. David Whitson, « Sport and Canadian Identities », *Canadian Issues / Thèmes canadiens*, automne 1999, p. 8-9.

2. Richard Gruneau et David Whitson, *Hockey Night in Canada: Sport, Identities, and Cultural Politics*, Toronto, Garamond, 1993, p. 224.

3. Vincent Mosco, « Citizenship and the Technopoles », exposé présenté au 12*th* *Euricom Colloquium on Communication and Culture*, Boulder, University of Colorado, octobre 1997.

4. Robert A. Stebbins, *Exploratory Research in the Social Sciences*, Thousand Oaks, California, Sage Publications, 2001, p. 3.

5. *Ibid.*, p. 6.

6. Anthony M. Orum et Joe R. Feagin, « A Tale of Two Cities », dans Anthony M. Orum, Joe R. Feagin et Gideon Sjoberg (dir.), *A Case for*

Case Study, Chapel Hill, University of North Carolina Press, 1991, p. 336.

Introduction

1. Tout au long de cette étude, à moins du contraire, les citations sont directement tirées des entrevues obtenues par l'auteur.

2. Robert A.J. McDonald, « "Holy Retreat" or "Practical Breathing Spot"? Class Perceptions of Vancouver's Stanley Park, 1910-1913 », *Canadian Historical Review*, vol. LXV, n° 2, 1984, p. 144.

3. NDLR : Le terme *daylighting* est semble-t-il fort répandu chez les anglophones pour désigner les entreprises de restauration des rivières dans les milieux urbains. Nous vous invitons à faire une recherche sur Internet à partir de l'expression *daylighting streams* pour constater l'ampleur du phénomène.

4. « Indy Misfires at PNE Site », *Province*, 17 janvier 1997, p. A5.

5. Doreen B. Massey, *Space, Place, and Gender*, University of Minnesota Press, Minneapolis, 1994.

6. Sharon Zukin, *The Cultures of Cities*, Londres, Blackwell, 1995, p. 279.

7. David Whitson et Donald Macintosh, « Becoming a World-Class City : Hallmark Events and Sport Franchises in the Growth Strategies of Western Canadian Cities », *Sociology of Sport Journal*, n° 10, 1993, p. 221-240.

8. Cité dans Bernard J. Frieden et Lynne B. Sagalyn, *Downtown Inc. : How America Rebuilds Cities*, Cambridge, Mass., MIT Press, 1989, p. 279. Emphase de l'auteur.

9. Le meilleur ouvrage que nous ayons pu trouver sur l'économie du financement des stades est la collection d'articles éditée par John Bale et Olof Moen, *The Stadium and the City*, Keele, Staffordshire, Keele University Press, 1995.

10. H. Hiller, « Impact and Image : The Convergence of Urban Factors in Preparing for the 1988 Calgary Winter Olympics », dans G. Syme, B. Shaw, D. Fenton et W. Mueller (dir.), *The Planning and Evaluation of Hallmark Events*, Brookfield, Gower Publications Co., 1989, p. 119.

11. Robert A. Baade, « Stadiums, Professional Sports, and City Economics : An Analysis of the United States Experience », dans Bale et Moen (dir.), *The Stadium and the City*, Keele, Staffordshire, Keele University Press, 1995, p. 279 et 290 ; Richard A. Baade et Richard F. Dye, « The Impact of Stadiums and Professional Sports on Metropolitain Area Development », *Growth and Development*, printemps 1990, p. 321-342.

12. Voir, par exemple, Roger G. Noll et Andrew Zimbalist (dir.), *Sports, Jobs, and Taxes: The Economic Impact of Sports Teams and Stadiums*, Washington, DC, Brookings Institution Press, 1997. Voir aussi Bale et Moen (dir.), *The Stadium and the City*, Keele, Staffordshire, Keele University Press, 1995.

13. Alan G. Ingham, Jeremy W. Howell et Todd S. Schilperoot, « Professional Sports and Community: A Review and Exegesis », dans K. Pandolf (dir.), *Exercise and Sport Science Review*, vol. XV, American College of Sport Medicine, 1989, p. 437. Cité dans Bale et Moen (dir.), *The Stadium and the City*, Keele, Staffordshire, Keele University Press, 1995, p. 191.

Chapitre premier

1. Mike Beamish, « Concord Pacific Place: Creating a Course », *Molson Indy Vancouver Program*, 1995, p. 8.

2. Ted Laturnus, « Concord Pacific Place: Creating a Course », *Molson Indy Vancouver Program*, 1995, p. 60.

3. Souligné par l'auteur.

4. NDLR: La paternité de ce terme revient à l'écrivain américain Sinclair Lewis (prix Nobel de littérature en 1930). Dans un roman intitulé *Babbitt*, il dépeint avec ironie l'entrepreneur dynamique du début du XXe siècle Le personnage principal, George Babbitt, fréquente le club social des Boosters, synthèse fictive des nombreux clubs sociaux de type Lyons et Rotary qui jouissent d'un fort engouement à partir de cette époque. Les termes « booster » et « boosterism » ont été adoptés par l'intelligentsia américaine pour désigner l'absence de sens critique de ceux qui se montrent toujours favorables à tout déploiement spectaculaire et clinquant destiné à relancer le dynamisme économique et culturel de leur municipalité. Même si les boosters, à l'instar de G. Babbitt, sont habituellement des gens animés par un sens civique sincère, on leur reproche d'afficher un optimisme outrancier et un chauvinisme exacerbé qui les portent à négliger plusieurs aspects fondamentaux d'une problématique donnée.

5. Richard Gruneau et David Whitson, *Hockey Night in Canada: Sport Identities and Cultural Politics*, Toronto, Garamond, 1993, p. 210-211.

6. *Ibid.*, p. 211.

7. Pour une excellente analyse et présentation de l'apparition du sport organisé au Canada à la fin du XVIIIe siècle, consulter Alan Metcalfe, *Canada Learns to Play: The Emergence of Organized Sport*, 1807-1914, Toronto, McLelland and Stewart, 1987, chapitre III. Consulter aussi Bruce Kidd, *The Struggle for Canadian Sport*, Toronto, University of Toronto Press, 1996.

8. Richard Gruneau et David Whitson, *op. cit.*, p. 67.

9. David Breen et Kenneth Coathes, *Vancouver's Fair: An Administrative and Political History of the Pacific National Exhibition*, Vancouver, University of British Columbia Press, 1982.

10. Sharon Zukin, *Landscape of Power: From Detroit to Disney World*, Berkeley, University of California Press, 1991; David Harvey, *The Condition of Postmodernity: An Inquiry into the Origins of Cultural Change*, Oxford, Blackwell, 1989; Neil Smith et Peter Williams (dir.), *Gentrification of the City*, Boston, Allen and Unwin, 1986; David Ley, *A Social Geography of the City*, New York, Harper and Row, 1983; H. Briavel Holcomb et Robert Beauregard, *Revitalizing Cities*, Washington, DC, Association of American Geographers, 1981.

11. Ash Amin, «Post-Fordism: Models, Fantasies and Phantoms of Transition», dans Ash Amin (dir.), *Post-Fordism: A Reader*, Londres, Blackwell, 1994, p. 1-40.

12. David Harvey, «Flexible Accumulation through Urbanization: Reflections on "Post-Modernism" in the American City», *Antipode*, vol. XIX, n° 3, 1987.

13. Richard Gruneau et David Whitson, *op. cit.*, p. 235-236.

14. Sur ce point, deux publications de Neil Smith sont instructives: «Gentrification and Uneven Development», *Economic Geography*, n° 58, 1982, p. 139-155; «Gentrification and the Rent Gap», *Annals of the Association of American Geographers*, n° 77, 1987, p. 462-478.

15. H. Briavel Holcomb et Robert Beauregard, *Revitalizing Cities*, Washington, DC, Association of American Geographers, 1981, p. 52.

16. Bernard J. Frieden et Lynne B. Sagalyn, *Downtown Inc.: How America Rebuilds Cities*, Cambridge, Mass., MIT Press, 1989.

17. David Harvey, *The Condition of Postmodernity: An Inquiry into the Origins of Cultural Change*, Oxford, Blackwell, 1989, p. 91-92.

18. Sharon Zukin, *The Cultures of Cities*, Londres, Blackwell, 1995, ainsi que Sharon Zukin, *Landscape of Power: From Detroit to Disney World*, Berkeley, University of California Press, 1991.

19. Sharon Zukin, *The Cultures of Cities*, *op. cit.*, p. 260.

20. Rob Shields (dir.), *Lifestyle Shopping: The Subject of Consumption*, Londres, Routledge, 1992, p. 7.

21. *Ibid.*

22. Sharon Zukin, *The Cultures of Cities*, *op. cit.*, p. 188.

23. David Chaney, *Lifestyles*, Londres et New York, Routledge, 1996, p. 18.

24. Rudi Laermans, « Learning to Consume: Early Department Stores and the Shaping of the Modern Consumer Culture (1860-1914) », *Theory, Culture and Society*, vol. X, n° 4, 1993, p. 87.

25. Rachel Bowly, *Just Looking: Consumer Culture in Dreiser, Gissing and Zola*, New York, Methuen, 1985, p. 4.

26. Rob Shields (dir.), *Lifestyle Shopping: The Subject of Consumption*, Londres, Routledge, 1992, p. 6.

27. *Ibid.*

28. Stewart Ewen et Elizabeth Ewen, *Channels of Desire: Mass Images and the Shaping of American Consciousness*, New York, McGraw-Hill, 1982, p. 68.

29. Celia Lury, *Consumer Culture*, Oxford, Polity Press, 1996; Sut Jhally, *The Codes of Advertising: Fetishism and the Political Economy of Meaning in the Consumer Society*, New York, Routledge, 1990; William Leiss, Stephen Kline et Sut Jhally, *Social Communication in Advertising: Persons, Products and Images of Well Being*, Toronto, Methuen, 1986.

30. Celia Lury, *op. cit.*, p. 80.

31. *Ibid.*, p. 46. L'étude classique des biens comme pourvoyeurs de statut social est celle de Thorstein Veblen, datant de 1899 : *Théorie de la classe de loisir*, traduit de l'anglais par Louis Evrard, Paris, Gallimard, 1978.

32. Sharon Zukin, « Socio-Spatial Prototypes of a New Organization of Consumption: The Role of Real Cultural Capital », *Society*, vol. XXIV, n° 1, 1990, p. 37-55.

33. Neil Smith, « Gentrification and the Rent Gap », *Annals of the Association of American Geographers*, n° 77, 1987, p. 462-478; « Gentrification and Uneven Development », *Economic Geography*, n° 58, 1982, p. 139-155; « Toward a Theory of Gentrification: A Back to the City Movement by Capital, Not People », *Journal of the American Planners Association*, n° 45, 1979, p. 538-548.

34. David Harvey, *Social Justice and the City*, Londres, Edward Arnold, 1973.

35. I. Munt, « Economic Restructuring, Culture, and Gentrification: A Case Study in Battersea, London », *Environment and Planning A*, n° 19, 1987, p. 1175-1198.

36. Neil Smith, « Toward a Theory of Gentrification: A Back to the City Movement by Capital, Not People », *Journal of the American Planners Association*, n°45, 1979, p. 545.

37. Neil Smith et Peter Williams (dir.), *Gentrification of the City*, Boston, Allen and Unwin, 1986, p. 4.

38. Katheryne Mitchell, « Visions of Vancouver : Ideology, Democracy, and the Future of Urban Development », *Urban Geography*, vol. XVII, n°6, 1996, p. 478-501 ; David Ley, « Styles of the Times : Liberal and Neo-Conservative Landscapes in Inner Vancouver, 1968-1986 », *Journal of Historical Geography*, vol. XIII, n 1, 1987, p. 40-56 ; David Ley, « Liberal Ideology and the Postindustrial City », *Annals of the Association of American Geographers*, vol. LXX, n°2, 1980, p. 238-258 ; Robert A. Beauregard, « The Chaos and Complexity of Gentrification », dans Neil Smith et Peter Williams (dir.), *Gentrification of the City*, Boston, Allen and Unwin, 1986, p. 35-55.

39. Robert A. Beauregard, « The Chaos and Complexity of Gentrification », dans Neil Smith et Peter Williams (dir.), *Gentrification of the City*, Boston, Allen and Unwin, 1986, p. 43.

40. Chris Hamnett, « The Blind Men and the Elephant : The Explanation of Gentrification », *Translations of the Institute of British Geographers*, n° 16, 1991, p. 175.

41. Neil Smith, « Gentrification and the Rent Gap », *Annals of the Association of American Geographers*, n° 77, 1987, p. 463.

42. David Ley, « Styles of the Times : Liberal and Neo-Conservative Landscapes in Inner Vancouver, 1968-1986 », *Journal of Historical Geography*, vol. XIII, n°1, 1987, p. 40-56.

43. Daniel Bell, *Vers la société post-industrielle*, traduit de l'anglais par Pierre Andler, Paris, Laffont, 1976.

44. David Ley, *A Social Geography of the City*, New York, Harper and Row, 1983, p. 45. Emphase de l'auteur.

45. Nick Whiteford et Richard Gruneau, « Between the Politics of Production and the Politics of the Sign : Post-Marxism, Postmodernism, and "New Times" », *Current Perspectives in Social Theory*, n°13, 1993, p. 83.

46. Walter Gordon Hardwick, *Vancouver*, Don Mills, Ontario, Collier-Macmillan, Ltd., 1974.

47. « Yaletown : Historic Area Draws New Gang », *Vancouver Sun*, 7 janvier 1989, p. H1.

48. « Even Seagulls Sit Pretty in New Yaletown », *Vancouver Sun*, 28 août 1993, p. A1.

49. *Ibid.*, p. A2.

50. Lance Berelowitz, « Yaletown on the Edge : The First Phase of Development on Vancouver's Expo Lands Brings Urban Street Form to the New Downtown Edge », *Canadian Architect*, vol. XL, n°3, 1995, p. 20-21.

51. Pour une étude approfondie du quartier SoHo de New York, consulter Sharon Zukin, *Loft Living: Culture and Capital in Urban Change*, Londres, Radius/Century Hutchinson, 1988.

52. « Even Seagulls Sit Pretty in New Yaletown », *Vancouver Sun*, 28 août 1993, p. A2.

53. Sharon Zukin, « Socio-Spatial Prototypes of a New Organization of Consumption: The Role of Real Cultural Capital », *Society*, vol. XXIV, n°1, 1990, p. 41.

54. Michael McCullough, « Here Comes the Neighbourhood: The Redevelopment of Vancouver's Downtown Eastside Creates Striking Contrasts, Exciting Opportunities and Uneasy Neighbours », *B.C. Business Magazine*, vol. XXII, n° 7, 1994, p. 22-30.

55. Neil Smith et Peter Williams (dir.), *Gentrification of the City*, Boston, Allen and Unwin, 1986 p. 16.

56. Sharon Zukin, *Landscape of Power, op. cit.*, p. 187.

57. Cité dans David Ley, « Styles of the Times: Liberal and Neo-Conservative Landscapes in Inner Vancouver, 1968-1986 », *Journal of Historical Geography*, vol. XIII, n°1, 1987, p. 48.

58. Alan Fotheringham, « Development Seeks Out the Water: Vancouver's Face Is Changing » et « List of the Top 25 Vancouver Houses Owned by Asian Canadians », *Financial Post Daily*, vol. VII, n°193, 1995, p. 15.

59. Pour un compte-rendu détaillé des projets de développement autour du delta de False Creek, consulter C.A. Mills, « "Life on the Upslope": The Postmodern Landscape », *Environment and Planning D: Society and Space*, n°6, 1988, p. 169-189; David Ley, « Styles of the Times: Liberal and Neo-Conservative Landscapes in Inner Vancouver, 1968-1986 », *Journal of Historical Geography*, vol. XIII, n°1, 1987, p. 40-56; David Ley, « Liberal Ideology and the Postindustrial City », *Annals fo the Association of American Geographers*, vol. LXX, n°2, 1980, p. 238-258.

Chapitre II

1. Cette histoire du développement du parc Hastings s'inspire de trois sources principales : *The Greening of Hastings Park: Restoration Program*, Préparé par le Comité de travail du parc Hastings et la Commission des parcs de Vancouver, février 1996; *Financial Analysis of Alternatives under Consideration for Hastings Park*, préparé pour la ville de Vancouver par la firme Deloitte and Touche Management Consultants, août 1991; *Functional Programming and Design Objectives Study for Hastings Park and New Brighton Park*, préparé pour la ville de Vancouver par le Groupe APRA Inc. et al., août 1991. Des articles de journaux traitant de

la crise provoquée par le projet de relocalisation du MIV, ainsi que des entrevues que nous avons conduites avec divers militants de la communauté, des fonctionnaires de la ville de Vancouver et des dirigeants du MIV, ont également servi à la rédaction de ce chapitre.

2. Richard Gruneau et David Whitson, *Hockey Night in Canada: Sport, Identities, and Cultural Politics*, Toronto, Garamond, 1993, p. 16.

3. Alan Metcalfe, *Canada Learns to Play: The Emergence of Organized Sports*, 1807-1914, Toronto, McClelland and Stewart, 1987, chapitre V.

4. *Ibid.*, p. 134.

5. *Ibid.*, p. 134-80.

6. Richard Gruneau et David Whitson, *op. cit.*

7. Robert A.J. McDonald, « "Holy Retreat" or "Practical Breathing Spot"? Class Perceptions of Vancouver's Stanley Park, 1910-1913 », *Canadian Historical Review*, vol. LXV, n° 2, 1984, p. 138. McDonald souligne que le mouvement pour les parcs a joui d'une grande popularité, tant au Canada qu'aux États-Unis, dans la dernière moitié du XIXe siècle, même s'il a débuté bien avant. Au Canada, note-t-il, certains espaces publics avaient été réservés avant la Confédération, comme le Halifax Common (1763), des places publiques à Montréal (1821) et à Hamilton (1862), ainsi que la Réserve Garrison à Toronto (1848).

8. Elsie Marie McFarland, *The Development of Public Recreation in Canada*, Vanier, Ontario, Canadian Parks-Recreation Association, 1970, p. 17.

9. David Breen et Kenneth Coates, *Vancouver's Fair: An Administrative and Political History of the Pacific National Exhibition*, Vancouver, University of British Columbia Press, 1982, p. 18.

10. Robert A.J. McDonald, *op. cit.*, p. 127-153.

11. *Ibid.*, p. 127.

12. *Ibid.*, p. 127-30.

13. *Ibid.*, p. 142.

14. *Ibid.*, p. 152.

15. *Ibid.*, p. 144-155.

16. *Ibid.*, p. 144.

17. Pour une excellente version orale de l'histoire de la création de l'Exposition de Vancouver et de ses activités, consulter *Early History of the Vancouver Exhibition Association*, Archives de la Ville de Vancouver, mars 1953.

18. Publicité reproduite dans l'article « Pacific National Exhibition : Moving On », *Vancouver Sun*, 14 août 1997, p. C1.

19. Pour une description de l'utilisation des installations de la PNE durant la Guerre, consulter David Breen et Kenneth Coates, *The Pacific National Exhibition : An Illustrated History*, Vancouver, University of British Columbia Press, 1982, chapitre IV.

20. *Functional Programming and Design Objectives Study for Hastings Park and New Brighton Park*, préparé pour la ville de Vancouver par le Groupe APRA Inc. *et al.*, août 1991, p. 75.

21. *The Greening of Hastings Park : Restoration Program*, préparé par le Comité de travail du parc Hastings et la Commission des parcs de Vancouver, février 1996, p. 7.

22. *Ibid.*, p. 42.

23. *Report to Standing Committee on Planning and Environment*, Ville de Vancouver, 27 février 1997, dossier n°1063.

24. « Racetrack Deal Cited as Symbolic Victory for City in Park Fight », *Vancouver Sun*, 14 janvier 1998.

25. L'histoire de la Commission des parcs et loisirs de Vancouver remonte à 1886, l'année de la fondation officielle de Vancouver. En fait, la première résolution du premier conseil municipal visait, en 1886, à adresser une pétition au gouvernement fédéral pour utiliser comme parc la péninsule de 405 hectares connue sous l'appellation de parc Stanley. Peu après cette demande, le conseil municipal a mis en place un Service des parcs pour gérer son nouveau parc par immeuble et par jardin. En 1890, le Service des parcs est devenu une commission dont les membres sont élus ; elle est à ce jour la seule du genre au Canada.

26. Au départ, deux autres forums avaient été proposés : celui des affaires et celui de la jeunesse. Mais ils ne se sont jamais matérialisés. Malgré les efforts pour impliquer les commerçants de Hastings, l'intérêt n'était pas suffisamment grand pour former un groupe. De même, malgré les efforts, il a été impossible d'organiser le Forum jeunesse. À la place ont eu lieu des ateliers s'adressant exclusivement aux élèves de niveau secondaire du secteur immédiat ; ce qui a été « un succès pour entendre la perspective des jeunes » sur le développement futur du parc Hastings. Consulter *Administrative Report* , Commission des parcs à la ville de Vancouver et Commission des parcs de Vancouver, 13 février 1996.

27. Ces organismes membres de l'industrie des courses de chevaux de la Colombie-Britannique sont l'Association des courses du Pacifique (*Pacific Racing Association*) qui gère l'hippodrome du parc Hastings ; l'Association de protection et de bienveillance des cavaliers de la Colombie-Britannique (*Horsemen's Benevolent and Protective Association of British*

Columbia) qui représente les propriétaires et entraîneurs de chevaux de race qui courent au parc Hastings; et la Division de la Colombie-Britannique de la Société canadienne des chevaux de race (*Canadian Society of Thoroughbred Horse*) qui représente les éleveurs des chevaux qui courent dans le parc.

28. Communiqué de presse, Ville de Vancouver, 13 octobre 1995.

29. « Groups Share Visions of Restored Hastings Park », *Vancouver Sun*, 23 octobre 1995, p. A5.

30. *Ibid.*, p. 13.

31. Voir également « The Greening of the PNE », *Vancouver Sun*, 11 mai 1996, p. D3-D4.

32. Terry O'Neill, « Disneyland for Fish Lovers: Questions Mount over a Costly Plan to Resurrect an Urban Salmon Stream », *British Columbia Report*, vol. VIII, n° 29, 1997, p. 16-17.

33. *The Greening of Hastings Park : Restoration Program*, préparé par le Comité de travail du parc Hastings et la Commission des parcs de Vancouver, février 1996, p. 17.

34. *Hastings Park Restoration*, feuillet d'information, Ville de Vancouver, août 1997.

35. *Fact Sheet: Hastings Park Restoration Transition Plan*, 1997-1999, Ville de Vancouver, octobre 1997.

36. « New Hastings Park Plan Unveiled », *Vancouver Sun*, 8 mars 1997, p. A15.

37. *Functional Programming and Design Objectives Study for Hastings Park and New Brighton Park*, préparé pour la ville de Vancouver par le Groupe APRA Inc. et al., août 1991, p. 33.

38. « New Hastings Park Plan Unveiled », *Vancouver Sun*, 8 mars 1997, p. A15.

Chapitre III

1. « Indy Fan Mayor Finds Foes Think Park Site Is a Stinker », *Vancouver Sun*, 18 janvier 1997, p. A9.

2. Noel Hulsman, « The Molson Indy Approach to Neighbourhood Park Planning », *New City Magazine*, vol. XVII, n° 3, 1997, p. 16-17.

3. « PNE Would Consider Indy as a Partner at New Site, Official Says », *Vancouver Sun*, 18 janvier 1997, p. A9.

4. « Gentlemen, Stop Your Noisy Engines ». *Province*, 17 janvier 1997, p. A5.

5. *Ibid.*

6. « Chesman Prepared to Lead Charge against Indy », *Vancouver Sun*, 17 janvier 1007, p. A2. Emphase de l'auteur.

7. *The Greening of Hastings Park : Restoration Program*, préparé par le Comité de travail du parc Hastings et la Commission des parcs de Vancouver, février 1996, p. 1.

8. « Molson Indy Woos Residents with Discount Tickets, Free Passes, Jobs », *Vancouver Sun*, 27 janvier 1997, p. A5.

9. « Racing Cars at the PNE "Absolutely Outrageous" », *Province*, 17 janvier 1997, p. A55.

10. « PNE Would Consider Indy as a Partner at New Site, Official Says », *Vancouver Sun*, 18 janvier 1997, p. A9.

11. « Racing Cars at the PNE "Absolutely Outrageous" », *Province*, 17 janvier 1997, p. A55.

12. « Chesman Prepared to Lead Charge against Indy », *Vancouver Sun*, 17 janvier 1007, p. A2.

13. « Molson Indy Woos Residents with Discount Tickets, Free Passes, Jobs », *Vancouver Sun*, 27 janvier 1997, p. A5.

14. *Ibid.*

15. « Premier Sides with Residents », source inconnue, non identifiée par l'auteur.

16. *Ibid.*

17. NDLR : Les organisateurs du grand prix de Détroit ont dû quitter le site de Belle-Isle car ce site n'offrait pas assez d'espace pour réaménager la piste en fonction des exigences des pilotes. De plus, l'intégrité des aménagements originaux conçus par l'architecte paysager Frederick Law Olmsted, concepteur du Central Park de New York et du parc du Mont-Royal à Montréal, datant de 1883, aurait été menacée. En ce qui concerne le Grand Prix de Montréal, un rapport faisant état des nuisances et pertes de jouissance dues à la tenue de la course automobile sur l'Île Notre-Dame intitulé *Les espaces verts et bleus du parc Jean-Drapeau, un patrimoine à protéger* a été produit par le Conseil régional de l'environnement de Montréal en février 2004. Ce rapport peut être consulté en ligne à l'adresse suivante : <www.cremtl.qc.ca>.

18. Noel Hulsman, « The Molson Indy Approach to Neighbourhood Park Planning », *New City Magazine*, vol. XVII, n° 3, 1997.

19. « 4 U.S. Cities Said on Sidelines to Take Over Indy Race », *Vancouver Sun*, 29 janvier 1997, p. A1.

20. David Harvey, *The Condition of Postmodernity : An Inquiry into the Origins of Cultural Change*, Oxford, Blackwell, 1989, p. 92.

21. David Whitson et Donald Macintosh, « Becoming a World-Class City : Hallmark Events and Sport Franchises in the Growth Strategies of Western Canadian Cities », *Sociology of Sport Journal*, n° 10, 1993, p. 223.

22. « PNE Would Consider Indy as a Partner at New Site, Official Says », *Vancouver Sun*, 18 janvier 1997, p. A9.

23. « Indy Backers Say Surrey Simply not the Place to Race », *Province*, 19 janvier 1997, p. A5.

24. « Indy Hopes Head Back to a False Creek Route », *Vancouver Sun*, 26 février 1997, p. B1.

25. David Whitson et Donald Macintosh, *op. cit.*, p. 222.

26. « Three False Creek Sites to Face Indy Evaluation », *Vancouver Sun*, 26 février 1997, p. B1 et B5. Emphase de l'auteur.

27. « Vancouver Molson Indy Looking for a New Home », *Financial Post*, 4 mars 1997.

28. « Indy Hopes Head Back to a False Creek Route », *Vancouver Sun*, 26 février 1997, p. B1.

29. « A Caution Flag », *Vancouver Sun*, 18 janvier 1997, p. A22.

30. « Indy Shifts into Image-Repair Mode », *Vancouver Sun*, 31 janvier 1997, p. D11.

31. « Vancouver Race Runs into Opposition », *Globe and Mail*, 31 janvier 1997, p. C19.

32. « Indy Offers Hastings' Area Residents Perks for Race Support », *Vancouver Sun*, 27 janvier 1997, p. A2.

33. « Molson Indy Woos Residents with Discount Tickets, Free Passes, Jobs », *Vancouver Sun*, 27 janvier 1997, p. A5.

34. *Report to Standing Committee on Planning and Environment*, Ville de Vancouver, 27 février 1997, dossier n° 1063.

35. *Ibid.*

36. « Molson Indy Woos Residents with Discount Tickets, Free Passes, Jobs », *Vancouver Sun*, 27 janvier 1997, p. A5.

37. *Ibid.*

38. « Anti-Indy Crowd Boos Hastings Plan », *Vancouver Sun*, 28 janvier 1997, p. B1.

39. « Indy Offers Hastings' Area Residents Perks for Race Support », *Vancouver Sun*, 27 janvier 1997, p. A2.

40. Kimberley S. Schimmel, « Growth Politics, Urban Development, and Sports Stadium Construction in the United States : A Case Study »,

dans Bale, John et Olof Moen (dir.), *The Stadium and the City*, Keele, Staffordshire, Keele University Press, 1995, p. 113.

41. *Ibid.*, p. 131-132.

42. « Molson Indy Woos Residents with Discount Tickets, Free Passes, Jobs », *Vancouver Sun*, 27 janvier 1997, p. A5.

43. « Anti-Indy Crowd Boos Hastings Plan », *Vancouver Sun*, 28 janvier 1997, p. B1.

44. Formulaire d'application des membres du REVV de 1997.

45. Section sur la description du secteur d'intervention du REVV de la brochure d'information de 1997.

46. Tiré des notes d'un discours prononcé lors d'une période de recrutement du REVV à l'été 1997.

47. *Molson Indy Vancouver Program*, 1995.

48. Cette idée selon laquelle les activités du REVV améliorent le sentiment d'appartenance de la communauté et l'esprit communautaire est clairement exprimée dans le formulaire d'application des membres de l'association de 1997, dans lequel nous pouvons lire : « En tant que membre du REVV, vous serez un membre important du plus excitant groupe de bénévoles de Vancouver. Non seulement vous améliorerez l'esprit communautaire de Vancouver, mais vous ferez aussi l'expérience directe d'une course automobile sans précédent où les voitures atteignent des vitesses de près de 320 km/h. Vous êtes assuré d'accumuler des souvenirs et de vous faire des amis qui dureront toute la vie. »

49. « Chesman Prepared to Lead Charge against Indy », *Vancouver Sun*, 17 janvier 1997, p. A2.

Chapitre IV

1. Toutes les données ayant servi à dresser ce profil statistique de la communauté de Hastings-Sunrise proviennent du document *The Greening of Hastings Park : Restoration Program*, préparé par le Comité de travail du parc Hastings et la Commission des parcs de Vancouver, février 1996.

2. Le revenu médian des ménages, tel que défini par Statistique Canada, représente le montant qui sépare en deux parties égales la répartition par tranches de revenu d'un groupe donné de ménages, faisant en sorte qu'un nombre égal de ménages sont soit au-dessous, soit au-dessous du revenu médian.

3. Au moment de la rédaction de ce livre, le seuil de faible revenu, tel que défini par Statistique Canada, correspondait aux niveaux de revenu où les ménages consacrent plus de 59 % de leurs revenus nets à la nourriture, au logement et à l'habillement. Lors du recensement de 2001, le seuil de

faible revenu était redéfini pour correspondre aux « niveaux de revenu selon lesquels on estime que les familles ou les personnes hors famille consacrent 20 % de plus que la moyenne générale à la nourriture, au logement et à l'habillement ». Voir <www.statcan.ca/francais/census2001/dict/famo21_f.htm>.

4. Nous sommes reconnaissant envers Richard Gruneau pour avoir attiré notre attention sur cet ensemble d'arguments.

5. Charles Rutheiser, *Imagineering Atlanta : The Politics of Place in the City of Dreams,* Londres, Verso, 1996. p. 110-111.

6. Doreen B. Massey, « A Global Sense of Place », dans Trevor Barnes et Derek Gregory (dir.), *Reading Human Geography : the poetics and politics of inquiry,* Londres, Arnold, 1997, p. 317.

7. Bernard J. Frieden et Lynne B. Sagalyn, *Downtown Inc. : How America Rebuilds Cities,* Cambridge, Mass., MIT Press, 1989, p. 233.

8. Sharon Zukin, *The Cultures of Cities,* Londres, Blackwell, 1995.

9. Bernard J. Frieden et Lynne B. Sagalyn, *op. cit.,* p. 235-236.

10. Sharon Zukin, *The Cultures of Cities, op. cit.,* p. 6.

11. Richard Gruneau et David Whitson, *Hockey Night in Canada : Sport, Identities, and Cultural Politics,* Toronto, Garamond, 1993, p. 213.

12. « Indy Fan Mayor Finds Foes Think Park Site Is a Stinker », *Vancouver Sun,* 18 janvier 1997, p. A9.

13. Noel Hulsman, « The Molson Indy Approach to Neighbourhood Park Planning », *New City Magazine,* vol. XVII, n° 3, 1997, p. 17.

14. Ces chiffres sont tirés de plusieurs articles de journaux et témoignages de personnes qui ont assisté à la rencontre et qui ont estimé l'assistance entre 600 et 700 personnes. Un court résumé de la rencontre d'information publique inclus dans le procès-verbal de la Commission des parcs et loisirs de Vancouver datant du 27 janvier 1997 confirme ces chiffres : « Le commissaire Chesman a présenté un compte-rendu de la rencontre qui a eu lieu au *Centre Ice Restaurant* du *Pacific Coliseum* concernant la proposition du Molson Indy d'utiliser le secteur du parc Hastings. Il y avait environ 700 personnes dans la salle et il est probable que la majorité d'entre elles étaient *contre* le projet du Molson Indy. Phil Heard du Molson Indy a présenté les grandes lignes de leur projet et s'est montré intéressé à travailler avec la communauté. Ils ont six plans [pour le parc Hastings] mais tous se trouvent dans le parc. Le commissaire Chesman a rappelé que c'était une question de respect de la promesse faite par la Commission de redonner au parc Hastings son état original. Sa position dans ce dossier était de *ne pas* appuyer le projet. » (L'auteur souligne.)

15. « The Sites of Indy », *Province,* 4 février 1997, p. A44.

16. « Vancouver Molson Indy Looking for a New Home », *Financial Post*, 4 mars 1997, pas de numéro de page.

17. Noel Hulsman. « Good NIMBY : Molson Indy vs Hastings Park — The Aftermath », *New City Magazine*, vol. XVII, n°4, 1997, p. 5.

18. « Indy Shifts Gears, Goes Ahead with New Plan for False Creek Course », *Vancouver Sun*, 14 mars 1997, p. B1.

Chapitre V

1. Sharon Zumin, *The Cultures of Cities*, Londres, Blackwell, 1995, p. 259.

2. John Brookshire Thompson, *Ideology and Modem Culture : Critical Social Theory in the Era of Mass Communication*, Stanford, Stanford University Press, 1990, p. 7.

3. Terry Eagleton, *Critique et théorie littéraires : une introduction*, traduit de l'anglais par Maryse Souchard avec la collaboration de Jean-François Labouverie, Presses Universitaires de France, 1994, p. 135.

4. J. Duncan et N. Duncan, « (Re)reading the Landscape », *Environment and Planning D : Society and Space*, n°6, 1988, p. 123.

5. Gillian Rose, « Looking at Landscape : The Uneasy Pleasures of Power », dans Trevor Barnes et Derek Gregory (dir.), *Reading Human Geography : The Poetics and Politics of Inquiry*, New York, John Wiley and Sons, 1997, p. 344.

6. Kevin Fox Gotham, « Political Opportunity, Community Identity, and the Emergence of a Local Anti-expressway Movement », *Social Problems*, vol. XLVI, n° 3, 1999, p. 333.

7. Richard Gruneau et David Whitson, *op. cit.*, p. 137.

8. Brian Goodey, « Art-Full Places : Public Art to Sell Public Spaces ? » dans John Robert Gold et Stephen Victor Ward (dir.), *Place Promotion : The Use of Publicity and Marketing to Sell Towns and Regions*, New York, Wiley, 1994.

9. Andrew Wernick, *Promotional Culture : Advertising, Ideology, and Symbolic Expression*, Londres, Sage Publications, 1991.

10. David Whitson et Richard Gruneau, « The (Real) Integrated Circus : Political Economy, Popular Culture and "Major League" Sport » dans Wallace Clement (dir.), *Understanding Canada : Building on the New Canadian Political Economy*, Montréal, McGill-Queen's University Press, 1997, p. 360.

11. Richard Gruneau et David Whitson, *op. cit.*, p. 221.

12. *Ibid.*, p. 219-221.

Appendice

1. Barney G. Glaser et Anselm L. Strauss, *The Discovery of Grounded Theory: Strategies for Qualitative Research*, New York, Aldine de Gruyter, 1967.

Bibliographie

AMIN, Ash (dir.). *Post-Fordism: A Reader*, Londres, Blackwell, 1994.

AMIN, Ash. « Post-Fordism: Models, Fantasies and Phantoms of Transition », dans Ash AMIN (dir.), *Post-Fordism: A Reader*, Londres, Blackwell, 1994, p. 1-40.

ANDERSON, Benedict. *L'imaginaire national: réflexions sur l'origine et l'essor du nationalisme*, traduit de l'anglais par Pierre-Emmanuel Dauzat, Paris, La Découverte, 1996.

BAADE, R.A. « Professional Sports as Catalysts for Metropolitan Economic Development », *Journal of Urban Affairs*, vol. XVIII, n° 1, 1996, p. 1-16.

BAADE, R.A. « Stadiums, Professional Sports, and City Economics: An Analysis of the United States Experience », dans John BALE et Olof MOEN, *The Stadium and the City*, Keele, Staffordshire, Keele University Press, 1995, p. 277-294.

BAADE, R.A. *Stadiums, Professional Sports, and Economic Development: Assessing Reality*, Detroit, Heartland Institute, 1994.

BAADE, Richard A., et Richard F. DYE. « The Impact of Stadiums and Professional Sports on Metropolitan Area Development », *Growth and Development*, printemps 1990, p. 321-342.

BALE, John, et Olof MOEN (dir.). *The Stadium and the City*, Keele, Staffordshire, Keele University Press, 1995.

BARNES, Trevor, et Derek GREGORY (dir.). *Reading Human Geography: the Poetics and Politics of Inquiry*, Londres, Arnold, 1997.

BEAMISH, Mike. « Concord Pacific Place: Creating a Course », *Molson Indy Vancouver Program*, 1995, p. 8.

BERELOWITZ, Lance. « Yaletown on the Edge: The Fist Phase of Development on Vancouver's Expo Lands Brings Urban Street Form to the New Downtown Edge », *Canadian Architect*, vol. XL, n° 3, 1995, p. 20-21.

BEAUREGARD, Robert A. « The Chaos and Complexity of Gentrification », dans Neil SMITH et Peter WILLIAMS (dir.), *Gentrification of the City*, Boston, Allen and Unwin, 1986, p. 35-55.

BELL, Daniel. *Vers la société post-industrielle*, traduit de l'anglais par Pierre Andler, Paris, Laffont, 1976.

BOURDIEU, Pierre. *La distinction: critique sociale du jugement*, Paris, Minuit, 1979.

BOWLBY, Rachel. *Just Looking: Consumer Culture in Dreiser, Gissing and Zola*, New York, Methuen, 1985.

BREEN, David H., et Kenneth COATES. *Vancouver's Fair: An Administrative and Political History of the Pacific National Exhibition*, Vancouver, University of British Columbia Press, 1982.

BREEN, David H., et Kenneth COATES. *The Pacific National Exhibition: An Illustrated History*, Vancouver, University of British Columbia Press, 1982.

CASTELLS, Manuel. *The Informational City: Information Technology, Economic Restructuring, and the Urban-regional Process*, Oxford, Basil Blackwell, 1989.

CHANEY, David. *Lifestyles*, Londres et New York, Routledge, 1996.

CHANEY, David. « The Department Store as a Cultural Form », *Theory, Culture and Society*, vol. III, n° 1, 1983, p. 22-31.

CLEMENT, Wallace (dir.). *Understanding Canada: Building on the New Canadian Political Economy*, Montréal, McGill-Queen's University Press, 1997.

DOUGLAS, Mary Tew, et Baron C. ISHERWOOD. *The World of Goods: Toward an Anthropology of Consumption*, New York, Basic Books, 1979.

DUNCAN, J., et N. DUNCAN. « (Re)reading the Landscape », *Environment and Planning D: Society and Space*, n° 6, 1988, p. 117-126.

EAGLETON, Terry. *Critique et théorie littéraires: une introduction*, traduit de l'anglais par Maryse Souchard avec la collaboration de Jean-François Labouverie, Presses Universitaires de France, 1994.

EWEN, Stewart, et Elizabeth EWEN. *Channels of Desire: Mass Images and the Shaping of American Consciousness*, New York, McGraw-Hill, 1982.

FEATHERSTONE, Mike. *Consumer Culture and Postmodernism*, Londres, Sage Publications, 1991.

FOTHERINGHAM, Alan. « Development Seeks Out the Water: Vancouver's Face Is Changing and List of the Top 25 Vancouver Houses Owned by Asian Canadians », *Financial Post Daily*, vol. VII, n° 193, 1995, p. 15.

FRIEDEN, Bernard J., et Lynne B. SAGALYN. *Downtown Inc.: How America Rebuilds Cities*, Cambridge, Mass., MIT Press, 1989.

GLASER, Barney G., et Anselm L. STRAUSS. *The Discovery of Grounded Theory: Strategies for Qualitative Research*, New York, Aldine de Gruyter, 1967.

GOLD, John Robert, et Stephen Victor WARD (dir.). *Place Promotion: The Use of Publicity and Marketing to Sell Towns and Regions*, New York, Wiley, 1994.

GOODEY, Brian. « Art-Full Places: Public Art to Sell Public Spaces ? » dans John Robert GOLD et Stephen Victor WARD (dir.), *Place Promotion: The Use of Publicity and Marketing to Sell Towns and Regions*, New York, Wiley, 1994, p. xx.

GOTHAM, Kevin Fox. « Political Opportunity, Community Identity, and the Emergence of a Local Anti-expressway Movement », *Social Problems*, vol. XLVI, n° 3, 1999, p. 332-354.

GRUNEAU, Richard, et David WHITSON. *Hockey Night in Canada: Sport, Identities, and Cultural Politics*, Toronto, Garamond, 1993.

HAMNETT, Chris. « The Blind Men and the Elephant : The Explanation of Gentrification », *Transactions of the Institute of British Geographers*, n° 16, 1991, p. 173-189.

HARDWICK, Walter Gordon. *Vancouver*, Don Mills, Ontario, Collier-Macmillan, 1974.

HARVEY, David. *The Condition of Postmodernity : An Inquiry into the Origins of Cultural Change*, Oxford, Blackwell, 1989.

HARVEY, David. *The Urban Experience*, Oxford, Basil Blackwell, 1989.

HARVEY, David. « Flexible Accumulation through Urbanization : Reflections on "Post-Modernism" in the American City », *Antipode*, vol. XIX, n° 3, 1987.

HARVEY, David, *The Urbanization of Capital*, Baltimore, John Hopkins University Press, 1985.

HARVEY, David. *Social Justice and the City*, Londres, Edward Arnold, 1973.

HILLER, H. « Impact and Image : The Convergence of Urban Factors in Preparing for the 1988 Calgary Winter Olympics », dans G. SYME, B. SHAW, D. FENTON, et W. MUELLER (dir.), *The Planning and Evaluation of Hallmark Events*, Brookfield, Gower Publications Co., 1989, p. xx.

HOLCOMB, H. Briavel, et Robert BEAUREGARD. *Revitalizing Cities*, Washington, DC, Association of American Geographers, 1981.

HULSMAN, Noel. « The Molson Indy Approach to Neighbourhood Park Planning », *New City Magazine*, vol. XVII, n° 3, 1997.

HULSMAN, Noel. « Good NIMBY : Molson Indy vs Hastings Park — The Aftermath », *New City Magazine*, vol. XVII, n° 4, 1997.

INGHAM, Alan G., Jeremy W. HOWELL, et Todd S. SCHILPEROOT. « Professional Sports and Community : A Review and Exegesis », dans Kent B. PANDOLF (dir.), *Exercise and Sport Science Reviews*, vol. XV, American College of Sports Medicine, 1987, p. 427-65.

JHALLY, Sut. *The Codes of Advertising : Fetishism and the Political Economy of Meaning in the Consumer Society*, New York, Routledge, 1990.

KIDD, Bruce. *The Struggle for Canadian Sport*, Toronto, University of Toronto Press, 1996.

KIDD, Bruce. « Toronto's SkyDome: The World's Greatest Entertainment Centre », dans BALE, John et Olof MOEN (dir.), *The Stadium and the City*, Keele, Staffordshire, Keele University Press, 1995, p. 175-196.

LAERMANS, Rudi. « Learning to Consume: Early Department Stores and the Shaping of the Modern Consumer Culture (1860-1914) », *Theory, Culture and Society*, vol. X, n° 4, 1993, p. 79-102.

LATURNUS, Ted. « Concord Pacific Place: Creating a Course », *Molson Indy Vancouver Program*, 1995, p. 60.

LEFEBVRE, Henri. « Reflections on the Politics of Space », *Antipode*, n° 8, 1976, p. 30-37.

LEISS, William, Stephen KLINE, et Sut JHALLY. *Social Communication in Advertising: Persons, Products and Images of Well Being*, Toronto, Methuen, 1986.

LEY, David. « Landscape as Spectacle: World's Fairs and the Culture of Heroic Consumption », *Environment and Planning D: Society and Space*, n° 6, 1988, p. 191-212.

LEY, David. « Styles of the Times: Liberal and Neo-conservative Landscapes in Inner Vancouver, 1968-1986 », *Journal of Historical Geography*, vol. XIII, n° 1, 1987, p. 40-56.

LEY, David. *A Social Geography of the City*, New York, Harper and Row, 1983.

LEY, David. « Liberal Ideology and the Postindustrial City », *Annals of the Association of American Geographers*, vol. LXX, n° 2, 1980, p. 238-258.

LURY, Celia. *Consumer Culture*, Oxford, Polity Press, 1996.

MASSEY, Doreen B. « A Global Sense of Place », dans Trevor BARNES et Derek GREGORY (dir.), *Reading Human Geography: the poetics and politics of inquiry*, Londres, Arnold, 1997, p. 315-323.

MASSEY, Doreen B. *Space, Place, and Gender*, Minneapolis, University of Minnesota Press, 1994.

MASSEY, Doreen B. « Politics and Space/Time », *New Left Review*, n° 196, 1992, p. 65-84.

McCULLOUGH, Michael. « Here Comes the Neighbourhood: The Redevelopment of Vancouver's Downtown Eastside Creates Striking Contrasts, Exciting Opportunities and Uneasy

Neighbours », *B.C. Business Magazine*, vol. XXII, n° 7, 1994, p. 22-30.

McDONALD, Robert A.J. « "Holy Retreat" or "Practical Breathing Spot"? Class Perceptions of Vancouver's Stanley Park, 1910-1913 », *Canadian Historical Review*, vol. LXV, n° 2, 1984, p. 127-153.

McFARLAND, Elsie Marie. *The Development of Public Recreation in Canada*, Vanier, Ontario, Canadian Parks-Recreation Association, 1970.

METCALFE, Alan. *Canada Learns to Play: The Emergence of Organized Sports,* 1807-1914, Toronto, McClelland and Stewart, 1987.

MILLS, C.A. « "Life on the Upslope": The Postmodern Landscape », *Environment and Planning D: Society and Space*, n° 6, 1988, p. 169-189.

MITCHELL, Katharyne. « Visions of Vancouver: Ideology, Democracy, and the Future of Urban Development », *Urban Geography*, vol. XVII. n° 6, 1996, p. 478-501.

MOSCO, Vincent. « Citizenship and the Technopoles », exposé présenté au *12th Euricom Colloquium on Communication and Culture*, Boulder, University of Colorado, octobre 1997.

MUNT, I. « Economic Restructuring, Culture, and Gentrification: A Case Study in Battersea, London », *Environment and Planning A*, n° 19, 1987, p. 1175-1197

NOLL, Roger G., et Andrew ZIMBALIST (dir.). *Sports, Jobs, and Taxes: The Economic Impact of Sports Teams and Stadiums*, Washington, DC, Brookings Institution Press, 1997.

O'NEILL, Terry. « Disneyland for Fish Lovers: Questions Mount over a Costly Plan to Resurrect an Urban Salmon Stream », *British Columbia Report*, vol. VIII, n° 29, 1997, p. 16-17.

ORUM, Anthony M., et Joe R. FEAGIN. « A Tale of Two Cities », dans Anthony M. ORUM, Joe R. FEAGIN et Gideon SJOBERG (dir.), *A Case for Case Study*, Chapel Hill, University of North Carolina Press, 1991, p. 121-147.

PANDOLF, Kent B. (dir.). *Exercise and Sport Science Reviews*, vol. XV, American College of Sports Medicine, 1987.

ROSE, Gillian. « Looking at Landscape: The Uneasy Pleasures of Power », dans Trevor BARNES et Derek GREGORY (dir.),

Reading Human Geography: The Poetics and Politics of Inquiry, New York, John Wiley and Sons, 1997, p. 342-354.

RUTHEISER, Charles. *Imagineering Atlanta: The Politics of Place in the City of Dreams,* Londres, Verso, 1996.

SCHIMMEL, Kimberley S. « Growth Politics, Urban Development, and Sports Stadium Construction in the United States: A Case Study », dans BALE, John et Olof MOEN (dir.), *The Stadium and the City,* Keele, Staffordshire, Keele University Press, 1995, p. 111-156.

SHIELDS, Rob (dir.). *Lifestyle Shopping: The Subject of Consumption,* Londres, Routledge, 1992.

SMITH, Neil. « Gentrification and the Rent Gap », *Annals of the Association of American Geographers,* n° 77, 1987, p. 462-478.

SMITH, Neil. « Gentrification and Uneven Development », *Economic Geography,* n° 58, 1982, p. 139-155.

SMITH, Neil. « Toward a Theory of Gentrification: A Back to the City Movement by Capital, Not People », *Journal of the American Planners Association,* n° 45, 1979, p. 538-548.

SMITH, Neil, et Peter WILLIAMS (dir.). *Gentrification of the City,* Boston, Allen and Unwin, 1986.

SOJA, Edward. *Postmodern Geographies: The Reassertion of Space in Critical Social Theory,* Londres et New York, Verso, 1989.

STEBBINS, Robert A. *Exploratory Research in the Social Sciences,* Thousand Oaks, Californie, Sage Publications, 2001.

SYME, G. J., B. SHAW, D. FENTON, et W. MUELLER (dir.). *The Planning and Evaluation of Hallmark Events,* Brookfield, Gower Publications Co., 1989

THOMPSON, John Brookshire. *Ideology and Modem Culture: Critical Social Theory in the Era of Mass Communication,* Stanford, Stanford University Press, 1990.

VEBLEN, Thorstein. *Théorie de la classe de loisir,* traduit de l'anglais par Louis Evrard, Paris, Gallimard, 1978.

WARDE, Alan. « Gentrification as Consumption », *Society and Space,* n° 9, 1991, p. 223-232.

WERNICK, Andrew. *Promotional Culture: Advertising, Ideology, and Symbolic Expression,* Londres, Sage Publications, 1991.

WHITSON, David. « Sport and Canadian Identities », *Canadian Issues / Thèmes canadiens,* Automne 1999, p. 8-9.

WHITSON, David, et Richard GRUNEAU. « The (Real) Integrated Circus : Political Economy, Popular Culture and "Major League" Sport » dans Wallace CLEMENT (dir.), *Understanding Canada : Building on the New Canadian Political Economy*, Montréal, McGill-Queen's University Press, 1997.

WHITSON, David, et Donald MACINTOSH. « Becoming a World-Class City : Hallmark Events and Sport Franchises in the Growth Strategies of Western Canadian Cities », *Sociology of Sport Journal*, nº 10, 1993, p. 221-240.

WITHEFORD, Nick, et Richard GRUNEAU. « Between the Politics of Production and the Politics of the Sign : Post-Marxism, Postmodernism, and "New Times" », *Current Perspectives in Social Theory*, nº 13, 1993, p. 83.

WYNNE, D. « Leisure, Lifestyle and the Construction of Social Position », *Leisure Studies*, vol. IX, nº 1, 1990, p. 21-34.

ZUKIN, Sharon. *The Cultures of Cities*, Londres, Blackwell, 1995.

ZUKIN, Sharon. *Landscapes of Power : From Detroit to Disney World*, Berkeley, University of California Press, 1991.

ZUKIN, Sharon. « Socio-Spatial Prototypes of a New Organization of Consumption : The Role of Real Cultural Capital », *Society*, vol. XXIV, nº 1, 1990, p. 37-55.

ZUKIN, Sharon. *Loft Living : Culture and Capital in Urban Change*, Londres, Radius/Century Hutchinson, 1988.

Documents governementaux

Administrative Report, Directeur général, Commission des parcs à la ville de Vancouver et la Commission des parcs de Vancouver, 13 février 1996.

Early History of the Vancouver Exhibition Association, Archives de la Ville de Vancouver, mars 1953.

Fact Sheet : Hastings Park Restoration Transition Plan, 1997-1999, Ville de Vancouver, octobre 1997.

Financial Analysis of Alternatives under Consideration for Hastings Park, préparé pour la ville de Vancouver par la firme Deloitte and Touche Management Consultants, août 1991.

Functional Programming and Design Objectives Study for Hastings Park and New Brighton Park, préparé pour la ville de Vancouver par le Groupe APRA Inc. *et al.*, août 1991.

Hastings Park Restoration, Feuillet d'information, Ville de Vancouver, août 1997.

Report to Standing Committee on Planning and Environment, Ville de Vancouver, 27 février 1997, dossier nᵒ 1063.

The Greening of Hastings Park: Restoration Program, préparé par le Comité de travail du parc Hastings et la Commission des parcs de Vancouver, février 1996.

Articles de journaux

« Premier Sides with Residents ». Source inconnue.

« Indy Misfires at PNE Site », *Province*, 17 janvier 1997, p. A5.

« Gentlemen, Stop Your Noisy Engines », *Province*, 17 janvier 1997, p. A5.

« Racing Cars at the PNE 'Absolutely Outrageous' », *Province*, 17 janvier 1997, p. A55.

« Indy Backers Say Surrey Simply not the Place to Race », *Province*, 19 janvier 1997, p. A5.

« The Sites of Indy », *Province*, 4 février 1997, p. A44.

« Yaletown: Historic Area Draws New Gang », *Vancouver Sun*, 7 janvier 1989, p. H1.

« Even Seagulls Sit Pretty in New Yaletown », *Vancouver Sun*, 28 août 1993, p. A1.

« Groups Share Visions of Restored Hastings Park », *Vancouver Sun*, 23 octobre 1995, p. A5.

« The Greening of the PNE », *Vancouver Sun*, 11 mai 1996, p. D3-D4.

« Chesman Prepared to Lead Charge against Indy », *Vancouver Sun*, 17 janvier 1997, p. A2.

« PNE Would Consider Indy as a Partner at New Site, Official Says », *Vancouver Sun*, 18 janvier 1997, p. A9.

« Indy Fan Mayor Finds Foes Think Park Site Is a Stinker », *Vancouver Sun*, 18 janvier 1997, p. A9.

« A Caution Flag », *Vancouver Sun*, 18 janvier 1997, p. A22.

« Molson Indy Woos Residents with Discount Tickets, Free Passes, Jobs », *Vancouver Sun*, 27 janvier 1997, p. A5.

« Indy Offers Hastings' Area Residents Perks for Race Support », *Vancouver Sun*, 27 janvier 1997, p. A2.

« Anti-Indy Crowd Boos Hastings Plan », *Vancouver Sun*, 28 janvier 1997, p. B1.

« 4 U.S. Cities Said on Sidelines to Take Over Indy Race », *Vancouver Sun*, 29 janvier 1997, p. A1.

« Indy Shifts into Image-Repair Mode », *Vancouver Sun*, 31 janvier 1997, p. D11.

« Indy Hopes Head Back to a False Creek Route », *Vancouver Sun*, 26 février 1997, p. B1.

« Three False Creek Sites to Face Indy Evaluation », *Vancouver Sun*, 26 février 1997, p. B1 et B5.

« New Hastings Park Plan Unveiled : If the Park Board Gives the Go-ahead, Demolition of PNE Buildings Could Begin in Fall », *Vancouver Sun*, 8 mars 1997, p. A15.

« Indy Shifts Gears, Goes Ahead with New Plan for False Creek Course », *Vancouver Sun*, 14 mars 1997, p. B1.

« Pacific National Exhibition : Moving On », *Vancouver Sun*, 14 août 1997, p. C1.

« Racetrack Deal Cited as Symbolic Victory for City in Park Fight », *Vancouver Sun*, 14 janvier 1998.

« Vancouver Race Runs into Opposition », *Globe and Mail*, 31 janvier 1997, p. C19.

« Vancouver Molson Indy Looking for a New Home », *Financial Post*, 4 mars 1997.

Les Éditions Écosociété
De notre catalogue

Propagande, médias et démocratie

NOAM CHOMSKY
ET ROBERT W. MCCHESNEY

TRADUIT DE L'ANGLAIS PAR LIRIA ARCAL
PRÉFACE DE COLETTE BEAUCHAMP

Dans cet ouvrage, Noam Chomsky et Robert W. McChesney (professeur à la Faculté de communication de l'Université de l'Illinois), démontent, dans deux textes succincts mais non moins percutants, le système dans lequel nous vivons et le rôle qu'y jouent les médias.

Dans «Les exploits de la propagande», Chomsky retrace l'histoire contemporaine de l'influence de la propagande sur la formation de l'opinion publique. Dans «Les géants des médias: une menace pour la démocratie», Robert W. McChesney relate l'histoire du système des médias américains qui soumet aujourd'hui l'information, le journalisme et la population à un oligopole d'intérêts financiers et commerciaux.

ISBN 2-921561-49-2
202 pages

Citoyens sous surveillance

FRANÇOIS FORTIER

Les technologies de l'information et de la communication et la nouvelle économie dont elles sont le fer de lance constituent-elles une occasion unique de libération ou un mirage servant les desseins de ceux qui mènent le monde?

Dans Citoyens sous surveillance, François Fortier examine le développement de ces technologies et explore les façons dont elles sont utilisées pour assujettir les travailleurs, manipuler les consommateurs et accroître la prédominance des médias et des entreprises. L'auteur soutient qu'elles polarisent le pouvoir économique et politique puisqu'elles sont gérées en fonction des intérêts des entreprises et des États.

Il existe cependant des formes et des utilisations parallèles des technologies de l'information et de la communication qui sont encouragées par les mouvements sociaux progressistes depuis une vingtaine d'années. Dans cette perspective, Fortier propose une nouvelle économie politique de ces technologies, qui faciliterait la démocratie plutôt que d'y faire obstacle.

ISBN 2-921561-76-X
128 pages

Bien commun recherché
Une option citoyenne

FRANÇOISE DAVID

Le 14 octobre 2000, lors du rassemblement final de la Marche mondiale des femmes au Québec, Françoise David lance une idée : « Peut-être devrions-nous mettre au monde une alternative politique féministe et de gauche ? » Trois ans et beaucoup de réflexion plus tard, Option citoyenne voit le jour. Ce rassemblement d'environ 200 progressistes souhaite l'élargissement des forces politiques de gauche dans un parti qui présentera des candidatures aux prochaines élections québécoises.

Bien commun recherché explore des pistes de changement vers une société plus juste, plus égalitaire, plus écologique. Sont énoncées ici les valeurs progressistes, féministes, écologistes et altermondialistes qui animent Françoise David et les membres d'Option citoyenne. L'auteure soulève des questions sur la démocratie, la culture, la question nationale, l'économie, la distribution de la richesse, l'État et les services publics.

Un autre Québec est-il possible ? Oui, répond Françoise David, et ce, malgré les contraintes posées par la mondialisation néolibérale et la lutte nécessaire pour en venir à bout.

ISBN 2-923165-05-5
109 pages

Désir d'humanité
Le droit de rêver

RICCARDO PETRELLA

Les concepts de « bien commun » et de « bien public » sont en voie de disparition. De plus en plus, le caractère sacré de la vie et les droits universels sont relégués au domaine de la rêverie, alors que le pragmatisme du monde des affaires, la primauté accordée à la « rationalité » de la finance, la foi sans bornes dans la science et la technologie dominent le monde occidental. Il n'y a plus de droits collectifs, il n'y a que des intérêts individuels, surtout ceux des plus riches, des plus forts et des plus compétitifs.

Voici un voyage au cœur de deux univers bien humains, le premier peuplé par des rêves de richesse, de puissance, le second par des rêves de paix, d'amitié, de justice, de liberté. Le monde d'aujourd'hui est dominé par le premier d'entre eux. Le deuxième n'a guère droit de cité. Ceux qui ont le pouvoir économique, politique et militaire ont confisqué le droit de rêver d'humanité : rêver d'amitié, de fraternité, de justice, de bien-être collectif, de démocratie, de sécurité dans la solidarité et dans le respect de tous. *Désir d'humanité* constitue un plaidoyer en faveur de la reconquête de ce droit.

ISBN 2-923165-03-9
208 pages

La grande fumisterie

Les transnationales à l'assaut de la démocratie

MURRAY DOBBIN

TRADUIT DE L'ANGLAIS PAR GENEVIÈVE BOULANGER

Les États sont en train de perdre leur capacité à servir la population, et ce, au profit de leur nouveau maître : la grande entreprise transnationale. Ayant pour objectif de maximiser les profits de leurs actionnaires dans un contexte où la plupart des entraves à l'investissement sont en voie d'être abolies, ces entreprises font peu de cas de la culture, de l'environnement et des lois des pays où elles sont installées. Elles sont d'ailleurs devenues, au fil des années, aussi puissantes que de nombreux États et y ont acquis un statut de « supercitoyennes » sans précédent.

Au Canada, ce phénomène a pris de l'ampleur dès les années 1980 avec l'Accord de libre-échange canado-américain, puis dans les années 1990 avec l'entrée en vigueur de l'ALENA. Ces traités ont peu à voir avec le commerce : ils constituent plutôt une « charte des droits » des entreprises leur permettant d'empêcher les gouvernements d'agir à l'encontre de leurs intérêts. Murray Dobbin pose son regard sur les stratégies utilisées par les grandes sociétés pour accroître leur influence.

ISBN 2-921561-66-2
438 pages

L'envers de la pilule

Les dessous de l'industrie pharmaceutique

J.-CLAUDE ST-ONGE

À l'heure où le public se pose de plus en plus de questions sur l'avenir de notre système de santé et l'augmentation sans cesse croissante de la part des médicaments dans les dépenses de santé, *L'envers de la pilule* est un ouvrage incontournable.

S'appuyant sur une recherche poussée et possédant une plume alerte, J.-Claude St-Onge, brosse un tableau clair des dessous de l'industrie pharmaceutique. Dans cette synthèse, il dévoile l'envers sombre et alarmant des pratiques de cette industrie et montre comment elle est devenue, au cours des dernières décennies, la plus rentable de toutes.

Son analyse porte entre autres sur les profits colossaux et en constante progression de cet empire financier, les brevets et le monopole des médicaments, les essais cliniques, la recherche et développement, le marketing, la médicalisation des événements de la vie ou l'art de forger des pathologies, les nouveaux médicaments qui n'en sont pas véritablement, trop chers et moins efficaces que les vieilles pilules, les médicaments dangereux, les médicaments plus ou moins utiles. En excellent vulgarisateur, il illustre son propos d'exemples probants.

ISBN 2-923165-09-8
228 pages

LES ÉDITIONS
écosociété
M'ONTRÉAL

Faites circuler nos livres.

Discutez-en avec d'autres personnes.

Inscrivez-vous à notre Club du livre.

Si vous avez des commentaires, faites-les-nous parvenir ; il nous fera plaisir de les communiquer aux auteurs et à notre comité éditorial.

Les Éditions Écosociété
C.P. 32052, comptoir Saint-André
Montréal (Québec)
H2L 4Y5

Courriel : info@ecosociete.org
Toile : www.ecosociete.org

NOS DIFFUSEURS

EN AMÉRIQUE **Diffusion Dimédia inc.**
539, boulevard Lebeau
Saint-Laurent (Québec) H4N 1S2
Téléphone : (514) 336-3941
Télécopieur : (514) 331-3916

EN FRANCE **DG Diffusion**
ET EN BELGIQUE Rue Max-Planck, B.P. 734
F-31863 Labège CEDEX
Téléphone : 05 61 00 09 99
Télécopieur : 05 61 00 23 12
Courriel : dg@dgdiffusion.com

EN SUISSE **Diffusion Fahrenheit 451**
Rue du Valentin 11
1400 Yverdon-les-Bains
Téléphone et télécopieur : 024 / 420 10 05
Courriel : fahrenheit_451@bluewin.ch

Achevé d'imprimer en mars 2005 par les travailleurs et les travailleuses de l'imprimerie Gauvin, Gatineau (Québec), sur papier certifié Éco Logo contenant 100 % de fibres post-consommation.

Nom : _____

Adresse : _____

_____

Code postal : _____

Les Éditions Écosociété
C.P. 32052, csp Saint-André
Montréal (Québec) H2L 4Y5

LES ÉDITIONS

écosociété

Aidez-nous à mieux vous servir en répondant à ce bref questionnaire. Vous pouvez aussi utiliser le formulaire sur notre site Internet :

www.ecosociete.org

Vous résidez en Europe ? Envoyez cette carte à : *Silence*, 9, rue Dumenge, 69317 Lyon, France

Je voudrais recevoir :

○ le catalogue des Éditions (notez que le catalogue complet se trouve en ligne au www.ecosociete.org)
et
je possède le catalogue 200__-200___

○ *Les Nouvelles des Éditions*
- par courriel, à cette adresse :

_____

- par la poste____

J'ai lu le livre intitulé :

_____

J'ai connu ce livre par :

○ un-e ami-e
○ votre catalogue
○ une visite en librairie
○ un-e professeur-e
○ une conférence
○ une visite sur votre site Internet
○ une visite d'un salon du livre ou d'un kiosque
○ une publicité dans :_____
○ un article, une émission :

Nom : _____

Adresse : _____

Code postal : _____

Les Éditions Écosociété
C.P. 32052, csp Saint-André
Montréal (Québec) H2L 4Y5

LES ÉDITIONS
écosociété

Aidez-nous à mieux vous servir en répondant
à ce bref questionnaire. Vous pouvez aussi
utiliser le formulaire sur notre site Internet :

www.ecosociete.org

Vous résidez en Europe ? Envoyez cette carte à :
Silence, 9, rue Dumenge, 69317 Lyon, France

Je voudrais recevoir :

○ le catalogue des Éditions (notez que le catalogue
complet se trouve en ligne au www.ecosociete.org)
et
je possède le catalogue 200__-200__

○ *Les Nouvelles des Éditions*
- par courriel, à cette adresse : _____

- par la poste _____

J'ai lu le livre intitulé :

_____

J'ai connu ce livre par :

○ un·e ami·e
○ votre catalogue
○ une visite en librairie
○ un·e professeur·e
○ une conférence
○ une visite sur votre site Internet
○ une visite d'un salon du livre ou d'un kiosque
○ une publicité dans : _____
○ un article, une émission : _____